LUCIEN GOLDMANN

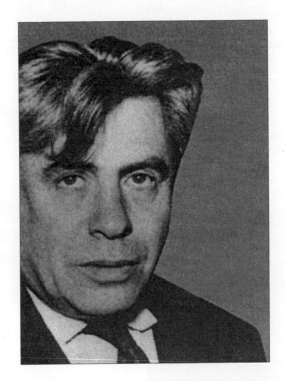

Lucien Goldmann (1913-1970): sua obra preserva – e também enriquece – uma herança de Hegel, Marx e Lukács.

LUCIEN GOLDMANN
ou a dialética da totalidade

MICHAEL LÖWY E SAMI NAÏR

Tradução
Wanda Caldeira Brant

Copyright © Michael Löwy e Sami Naïr, 1973
Copyright desta edição © Boitempo Editorial, 2008

Goldman ou la dialectique de la totalité (título original) foi publicado pela primeira vez em 1973, pela editora Seghers, em Paris.

Coordenação editorial	Ivana Jinkings
Editor assistente	Jorge Pereira Filho
Tradução	Wanda Caldeira Brant
Assistente editorial	Luciene Lima
Preparação	Mariana Echalar e João Alexandre Peschanski
Revisão	Júlia de Souza
Diagramação e pesquisa iconográfica	Liliana Rodriguez e Auana Diniz
Capa	David Amiel
Produção	Marcel Iha

CIP-BRASIL. CATALOGAÇÃO-NA-FONTE
SINDICATO NACIONAL DOS EDITORES DE LIVROS, RJ

N149L

Löwy, Michael, 1938
    Lucien Goldmann, ou A dialética da totalidade / Michael Löwy e Sami Naïr ; tradução Wanda Caldeira Brant. - São Paulo : Boitempo, 2008.
    (Marxismo e literatura)

    Tradução de: Lucien Goldmann, ou La dialectique de la totalité
    Anexo
    Inclui bibliografia
    ISBN 978-85-7559-128-4

    1. Goldmann, Lucien, 1913-1970. I. Naïr Sami, 1946-. II. Título. III. Título: A dialética da totalidade. IV. Série.

08-5081.   CDD: 194
                                                                            CDU: 1(44)
17.11.08   21.11.08   009840

Todos os direitos reservados. Nenhuma parte deste livro pode ser utilizada ou reproduzida sem a expressa autorização da editora.

1ª edição: janeiro de 2009

BOITEMPO EDITORIAL
Jinkings Editores Associados Ltda.
Rua Euclides de Andrade, 27 Perdizes
05030-030 São Paulo SP
Tel./fax: (11) 3875-7285 / 3872-6869
editor@boitempoeditorial.com.br
www.boitempoeditorial.com.br

Sumário

Nota do editor 7

Prefácio à edição brasileira 9

Introdução 13

I. Notas para uma biografia intelectual 15

II. Totalidade e gênese 23

III. O estruturalismo genético: Marxismo e ciências humanas 31
   1. Sujeito e objeto nas ciências humanas 31
   2. O método e os conceitos marxistas nas ciências humanas 37
   3. Crítica da sociologia burguesa 45
   4. A sociologia da cultura 50

IV. A sociologia das visões do mundo 59
   1. Análises concretas 59
   2. A visão do mundo trágica 60
   3. O racionalismo e sua superação 69
      De Descartes ao Iluminismo 69
      Kant e a passagem para a dialética 72
   4. A visão existencialista 75
      O exemplo de Sartre 79
   5. A visão dialética 83
      O primeiro eclipse da dialética: o marxismo "ortodoxo"
      da Segunda Internacional 89

A expansão da dialética revolucionária... 91
Segundo eclipse da dialética: o stalinismo 93
Possibilidades atuais de um renascimento do pensamento dialético 97

V. CONCLUSÃO 101

Textos escolhidos 103
Heidegger e Lukács (inédito) 105
Classes sociais e visões do mundo 107
A visão trágica do mundo 114
A aposta de Pascal 118
A reificação 122
Sobre Lukács 126
Sobre o jovem Marx 129
Dialética do sujeito e do conceito em Marx 133
O testamento teórico de Goldmann 135
Balanço teórico 142

Fragmentos inéditos 157
Debate entre Goldmann e Lucien Sebag 157
Debates entre Goldmann e Marcuse (1961-1962) 159
A propósito dos *Grundrisse* 163
Epistemologia diferencial e consciência possível 166

Anexo 169
Lucien Goldmann ou a aposta comunitária 169

Obras publicadas de Goldmann 181
Sobre os autores 189

Nota do editor

Os textos reunidos neste volume foram publicados pela primeira vez por Michael Löwy e Sami Naïr em 1973, pela editora Seghers, sob o título *Goldmann ou la dialectique de la totalité*. Esta edição brasileira vem acrescida de um prefácio e do artigo "Lucien Goldmann ou a aposta comunitária", ambos assinados por Löwy.

Por uma opção editorial, as obras de Lucien Goldmann são citadas neste volume apenas em francês e a primeira referência é acompanhada de sua tradução entre colchetes. Nesta página, o leitor pode conferir a relação completa dos livros. Os dados bibliográficos – tanto das edições francesas como das brasileiras – estão relacionados na seção "Obras publicadas de Goldmann" (p. 181).

As notas de rodapé numeradas são dos autores; as notas com asterisco, da edição brasileira. Sempre que possível acrescentamos as referências de edições brasileiras ou em português.

Livros citados

Epistemologie et philosophie politique – Epistemologia e filosofia política
Introduction à la philosophie de Kant – Introdução à filosofia de Kant
La création culturelle dans la société moderne – A criação cultural na sociedade moderna
Le Dieu caché: étude sur la vision tragique dans les Pensées *de Pascal et le théâtre de Racine* – O Deus escondido: estudo sobre a visão trágica em *Pensamentos* de Pascal e no teatro de Racine
Lukacs et Heidegger – Lukács e Heidegger

Marxisme et sciences humaines – Marxismo e ciências humanas
Pour une sociologie du roman – A sociologia do romance
Recherches dialectiques – Investigações dialéticas
Sciences humaines et philosophie – Ciências humanas e filosofia
Situation de la critique racinienne – Situação da crítica raciniana
Structures mentales et création culturelle – Estruturas mentais e criação cultural
Kierkegaard vivant – Kierkegaard vivo

Artigos citados

"La philosophie des Lumières" – A filosofia do Iluminismo
"Le matérialisme dialectique est-il une philosophie?" – O materialismo dialético é uma filosofia?
"Pour une approche marxiste des études sur le marxisme" – Para uma abordagem marxista dos estudos sobre o marxismo
"Révolution et bureaucratie" – Revolução e burocracia
"Sujet et objet en sciences humaines" – Sujeito e objeto em ciências humanas
"Y a-t-il une sociologie marxiste?" – Existe uma sociologia marxista?

Prefácio à edição brasileira

Ouvi falar pela primeira vez em Lucien Goldmann quando era estudante do segundo ano no curso de ciências sociais da Universidade de São Paulo (USP), lá por volta de 1958. Quem me chamou a atenção para os seus escritos – para começar, o livrinho *La filosofía y las ciencias humanas**, que li em espanhol, porque ainda não existia em português – foi meu colega na época, Gabriel Bolaffi. Tenho uma grande dívida para com o amigo Gabi, por essa preciosa indicação, que teve conseqüências importantes para mim, não só bibliográficas, mas também biográficas. O livro de Goldmann foi uma revelação para mim: me abriu uma porção de portas e janelas, derrubou alguns muros e me obrigou a subir vários andares e descobrir, lá do terraço, uma nova paisagem; acima de tudo, ele me forneceu uma bússola marxista (heterodoxa) que me serviu de guia no labirinto das ciências sociais, evitando vários becos sem saída: o positivismo, o cientificismo, o materialismo vulgar e a sociologia conformista.

A partir daí foi que decidi, assim que me formei, licenciado em ciências sociais pela saudosa Maria Antonia, ir a Paris fazer meu doutorado com Lucien Goldmann. Estudei com o Mestre – com M maiúsculo, é assim que eu o via – de 1961 até 1964, quando apresentei minha tese sobre "A teoria da revolução no jovem Marx"**. O método da tese era goldmaniano de A à Z, diretamente inspirado na introdução metodológica de *Le Dieu caché* [O Deus

---

* Cf. ed. bras.: *Ciências humanas e filosofia* (12. ed., São Paulo, Bertrand Brasil, 1993). (N. E.)

** Michael Löwy, *A teoria da revolução no jovem Marx* (São Paulo, Vozes, 2002). (N. E.)

escondido], e eu me considerava – como dizia brincando ao Mestre – um "neo-goldmaniano de esquerda". Isso não impediu que tivéssemos divergências, tanto políticas como teóricas. A principal dizia respeito, na minha tese, à afirmação de que o pensamento de Marx representava o ponto de vista de classe do proletariado, sua "consciência possível", segundo o conceito de Lukács (*zugerechnetes Bewusstsein*), revisto e corrigido por Goldmann. Em um artigo publicado em 1970, Goldmann se referia, tomando distância crítica, à minha tese:

> "Como nasceu o marxismo? A que correspondia o pensamento de Marx? Existe uma resposta corrente – houve mesmo uma tese sob minha direção sobre este tema, por Michael Löwy, que tentou me convencer – segundo a qual Marx exprimiria o pensamento do proletariado. Que Marx atribuía ao proletariado um lugar revolucionário fundamental é evidente; mas que este pensamento, no momento em que nasceu na França, na Inglaterra, o pensamento do proletariado (porque para Marx, como tentei mostrar em todas minhas análises históricas, são sempre os grupos sociais que elaboram as grandes categorias), que as categorias do socialismo francês em geral nesta época – o grande renascimento do socialismo se situa na França na primeira metade do século 19 – tenham sido elaborados pelo proletariado, não estou nada seguro. De qualquer forma é um problema importante: como nasceu o pensamento marxista, a partir da ala esquerda do pensamento democrático-burguês, dos neo-hegelianos na Alemanha e do socialismo democrático francês?[1]

Sem entrar aqui nessa discussão – permito-me remeter os interessados para meu livro sobre o jovem Marx* –, cito o incidente para ilustrar o espírito com o qual Goldmann orientava seus doutorandos: sempre discutindo, criticando, mas deixando ao estudante a liberdade de fazer suas opções teóricas e políticas. Considero que foi uma grande chance para mim poder ter trabalhado com ele, numa relação que não era só universitária, mas de amizade e diálogo. Seu desaparecimento prematuro, em 1970, foi para mim – e para muitos outros de seus alunos e discípulos – muito mais do que a perda de um professor.

---

[1] Lucien Goldmann, *Epistemologie et philosophie politique*. Prefácio de Sami Naïr.
* Michael Löwy, *A teoria da revolução no jovem Marx*, cit. (N. E.)

Desde essa época muita água correu debaixo das pontes do Sena e do Tietê, outros trabalhos marxistas importantes foram escritos, ou redescobertos, mas ainda assim considero que alguns aspectos fundamentais do pensamento e do método de Lucien Goldmann continuam sendo "produtivos", servindo de caixa de ferramentas para uma reflexão crítica, histórica e dialética sobre as formas culturais.

A obra de Goldmann representava um humanismo marxista radical, que teve bastante impacto nos anos 1955-1975, mas acabou marginalizada na França, primeiro pela moda do estruturalismo e, em seguida, pelo antimarxismo vulgar que se tornou hegemônico nos meios de comunicação. Tal coisa não ocorreu no Brasil: o interesse dos intelectuais, dos estudantes e de ativistas sociais e políticos pelo marxismo nunca deixou de existir, com altos e baixos, desde os anos 1960. Um interesse que nunca foi monopolizado por uma só tendência política ou filosófica, mas que sempre teve um caráter plural, polêmico, diverso. Assim se explica que se discutam, se estudem e se publiquem livros sobre Goldmann no Brasil, quiçá mais do que em qualquer outro país.

Talvez exista uma outra razão: a renovação do marxismo no Brasil teve – e ainda tem – como um de seus principais adversários o *positivismo*, forma de pensamento dominante no país desde os fins do século XIX, que "contaminou" também, em boa medida, a reflexão da esquerda, como bem mostra Leandro Konder em seu livro sobre o marxismo do PCB, *A derrota da dialética**. Daí o interesse dos marxistas brasileiros pelos autores que representam, dentro do marxismo, uma orientação claramente antipositivista: Antonio Gramsci, Georg Lukács, a Escola de Frankfurt, Lucien Goldmann.

O livrinho agora traduzido em português, graças a uma iniciativa da editora Boitempo, foi redigido nos anos 1970 por Sami Naïr e por mim como uma modesta introdução ao pensamento de Goldmann. Desde então, apareceram alguns volumes com textos inéditos ou dispersos de nosso autor, e uma importante biografia norte-americana, *The Wager of Lucien Goldmann*** [A aposta de

---

* Leandro Konder, *A derrota da dialética* (Rio de Janeiro, Campus, 1988). (N. E.)
** Mitchell Cohen, *The Wager of Lucien Goldmann* (Princeton, Princeton University, 1994). (N. E.)

Lucien Goldmann] de Mitchell Cohen, que exigiriam provavelmente rever ou completar alguns aspectos de nossa análise.

Tomei a liberdade de acrescentar a este volume um ensaio recente sobre aspectos da obra de Goldmann.

Michael Löwy
Paris, 21 de abril de 2007

Introdução

Co-autores deste livro, tivemos a chance de estudar com Lucien Goldmann na École des Hautes Études en Sciences Sociales no curso dos anos 1960. Mas, diferentemente dos outros, ele era muito mais do que um professor. Goldmann era antes de mais nada um amigo, um sustentáculo firme, e depois um pensador de alta envergadura teórica com quem a discussão e o confronto eram habituais. Em constante busca por uma comunicação viva com os homens, estava sempre disposto a colocar em questão suas próprias teses, entusiasmava-se com essa ou aquela idéia de seu interlocutor, sempre também de maneira sincera e franca.

Não pensamos que seja possível fornecer uma interpretação objetiva e sem julgamentos de valor da sua obra, que tem como objeto as ciências humanas. Goldmann escreveu dezenas de vezes que a objetividade nas ciências sociais e humanas é determinada também pelo ponto de vista do sujeito que faz a análise: é esse o nosso princípio teórico. A leitura que tentaremos fazer será, então, engajada. E engajada em uma perspectiva claramente definida: *ela será teórica e política*. Conseqüentemente, teremos certo número de problemas a esclarecer.

Para dar a César o que é de César, sustentamos inicialmente, como postulado fundamental de nossa trajetória, que a obra de Goldmann constitui um todo coerente, apesar de sua aparente diversidade, e é articulada em virtude de uma *metodologia geral* que aliás, com freqüência, vai além do âmbito das próprias reflexões do autor de *Le Dieu caché* [o Deus escondido]. Em outras palavras, ao contrário de uma tese simplista e esquemática, recentemente difundida, *essa obra não é um ensaio, mas uma obra sistemática e coerente*. Ela não se limita a fazer perguntas, mas as resolve, pois é fundamentada na coerência de princípios metodológicos que permitem a apreensão da resposta na própria pergunta. Assim, ela é *marxista* no sentido mais rigoroso do termo. O estruturalismo genético criado por Goldmann é uma metodologia geral cujo campo de aplicação é variado, múltiplo e estende-se de uma extremidade a outra do espaço das ciências ditas humanas. Efetivamente, esse estruturalismo é nada mais, nada menos que o materialismo dialético, purgado do positivismo e farto do dogmatismo. Trata-se de uma tese que não é somente nossa, mas também e sobretudo de Goldmann que, apesar de vários obstáculos, não cessou de repeti-la... A apresentação que faremos aqui do pensamento goldmanniano tenderá a confirmar essa tese.

Partiremos de uma alternativa que, na esteira de Marx e de Rosa Luxemburgo, Goldmann postula rigorosamente no início e no fim de sua vida. Em seu último texto, o prefácio ao *Marxisme et sciences humaines* [Marxismo e ciências humanas], ele observa laconicamente: "Nos dois pólos extremos da evolução aparecem com nitidez as duas imagens extremas da barbárie e do socialismo"; e lembra que, para ele, o essencial da atividade humana deve ser fazer tudo "para que essa evolução nos aproxime bastante do socialismo de modo a reduzir a barbárie ao mínimo"[1]. Nossa leitura terá como eixo esse horizonte: teórico e político, como já dissemos; acrescentemos, então, que é na matriz do marxismo revolucionário que ela se enraíza. Portanto, tomamos partido, com Goldmann, contra o que ele combate e, no cerne de seu próprio discurso, do que nos parece o mais importante. Essa obra é de nossa época e os problemas que ela levanta são os nossos. Ela restabelece o marxismo de Marx – indo além do dogmatismo stalinista – e desenvolve-o de maneira extremamente original. Esse é um aspecto central da contribuição teórica de Goldmann. E insistiremos particularmente nesse aspecto.

Agradecemos a Lucien Goldmann e às editoras Denoël e Gallimard por autorizarem a reprodução de inéditos de Lucien Goldmann e trechos de sua obra.

---

[1] Lucien Goldmann, *Marxisme et sciences humaines*, p. 14-5.

I

NOTAS PARA UMA BIOGRAFIA INTELECTUAL

É preciso ter uma posição voltada
para um futuro não-alienado para poder
criticar a sociedade capitalista.

Lucien Goldmann em um debate com
Herbert Marcuse, 1962

Não escreveremos biografia intelectual nem biografia propriamente dita. Tentaremos circunscrever o que une os dois procedimentos, e a evocação se dará tanto pelas nossas próprias lembranças, pelas nossas próprias discussões com Goldmann, como pela referência à obra deixada como testemunho de uma pesquisa viva. Além disso, utilizaremos muitas informações da breve, mas notável nota biográfica que lhe dedicou sua companheira, Annie Goldmann, sua principal colaboradora[1].

Nascido em 1913, em Bucareste, foi em Botosani, cidadezinha da Romênia, que Lucien Goldmann passou sua infância e realizou seus estudos secundários. Completado esse capítulo, voltou para Bucareste, graduou-se em direito e fez seus primeiros contatos com o pensamento marxista, então revitalizado pela experiência da Revolução Russa. Sobre a juventude de Goldmann, não sabemos praticamente nada que permita nos determos mais longamente[2]. Em 1933, foi para Viena, onde permaneceu o ano inteiro; foi um acontecimento intelectualmente importante para ele, pois assistiu às aulas do marxista Max Adler,

---

[1] Cf. Lucien Goldmann, *Situation de la critique racinienne*, p. 122.
[2] No entanto, parece que durante um ou dois anos ele participou de uma organização cultural clandestina paracomunista, em que teria exercido funções de agitação cultural (congressos etc.), e teria passado algumas semanas na prisão.

por quem, aliás, tinha mais respeito intelectual do que admiração teórica. No entanto, é pelo contato com esses ensinamentos que Goldmann toma conhecimento do "austro-marxismo", ou seja, da interpretação que vários teóricos austríacos (Bauer, Renner, Hilferding, Max e Frédéric Adler...) dão à teoria marxista. A partir dessa época, Goldmann teria tomado conhecimento também dos escritos da jovem Escola de Frankfurt, da qual Herbert Marcuse foi o teórico de mais prestígio. Ao chegar em Paris, em 1934, Goldmann conheceu a vida difícil de estudante estrangeiro sem um tostão. Ao mesmo tempo que preparava um doutorado de economia política na Faculdade de Direito, uma graduação em alemão e outra em filosofia na Sorbonne, exerceu diferentes atividades para garantir a subsistência: entregador de lavanderia, vendedor de jornais etc. Em 1940, quando a invasão alemã se tornou ameaçadora, fugiu para Toulouse, onde foi enviado para um campo de refugiados, do qual escapou rapidamente. Nessa cidade conheceu Jean-Pierre Vernant, pelo qual sempre teve amizade e respeito. Durante a invasão da zona livre francesa, em 1942, Goldmann conseguiu passar clandestinamente para a Suíça, onde pela segunda vez foi enviado para um campo de refugiados. Essa reclusão se prolongou até setembro de 1943. Graças à intervenção de Jean Piaget, foi libertado; obteve até uma bolsa que lhe permitiu preparar uma tese de doutorado em filosofia sobre Kant, na Universidade de Zurique. Redigida em alemão com o título *Mensch, Gemeinschaft und Welt in der Philosophie Imannuel Kant: Studien zur Geschichte der Dialektik*, essa tese foi traduzida para o francês e, inicialmente, intitulada *La communauté humaine et l'univers chez Kant*; mais tarde, foi publicada com o título *Introduction à la philosophie de Kant* [Introdução à filosofia de Kant].

Durante esse período é que se situa a grande descoberta intelectual[3] que deixaria uma marca profunda no pensamento de Lucien Goldmann. *Geschichte und Klassenbewusstsein** e *Die Seele und die Formen* [A alma e as formas], de Georg Lukács, segundo sua própria expressão, iriam "revolucionar" seu pensamento. Numa época em que a barbárie nazista estava no auge de sua glória, em

---

[3] Na realidade, Goldmann já havia descoberto o pensamento de Lukács em Viena, mas somente mais tarde, durante o "período de Genebra", ele o redescobriu e o incorporou explicitamente.

* Georg Lukács, *História e consciência de classe* (trad. Rodnei Nascimento, São Paulo, Martins Fontes, 2003). (N. T.)

que o stalinismo prático e teórico reinava sem reservas no movimento operário e *sobre* a teoria marxista, é preciso ressaltar como efetivamente a obra de Lukács, uma vez redescoberta, deveria proporcionar vigor revolucionário e clareza teórica aos que se recusavam a aceitar a barbárie e o dogmatismo. Tanto as pesquisas sobre Kant como o grande trabalho de criação que Goldmann inicia em seguida contêm a marca profunda e sempre declarada dessa primeira e fundamental influência. Foi também durante esse período que ele colaborou estreitamente, como assistente, com os trabalhos de Jean Piaget em Genebra. Profundamente impressionado com a epistemologia genética piagetiana, nunca mais parou de refletir sobre sua correspondência com o marxismo. Em vários de seus escritos, ele tentou corroborar – com êxito, aliás – a contribuição de Piaget para a metodologia marxista, ainda que este sempre negasse ter estudado profundamente Marx ou partido de postulados marxistas. Na realidade, foi principalmente pelo viés de um procedimento empírico que Piaget atingiu – se não sempre, ao menos muitas vezes – os postulados da teoria marxista. Ele próprio observou esse aspecto de sua obra em "Sabedoria e ilusões da filosofia"*, ressaltando de passagem a importância da correspondência estabelecida por Goldmann entre o marxismo e a epistemologia genética. Desde o período de Genebra, Goldmann teve pleno conhecimento da metodologia que ele refinaria a partir de então, e que jamais abandonou. A reflexão constante sobre a metodologia piagetiana, o humanismo marxista, a dialética e principalmente a categoria da Totalidade, o conceito de possibilidade objetiva, foram as peças mestras que guiaram suas pesquisas e legitimaram suas descobertas teóricas...

Após a Libertação, Goldmann voltou a Paris, onde obteve um posto de assistente e, depois, de pesquisador científico no Centre Nationale de la Recherche Scientifique [CNRS, Centro Nacional da Pesquisa Científica]. Iniciou sua grande tese de doutorado em letras sobre Pascal e Racine, que intitulou: *Le Dieu caché: étude sur la vision tragique dans les* Pensées *de Pascal et le théâtre de Racine* [O Deus escondido: estudo sobre a visão trágica em *Pensamentos* de Pascal e no teatro de Racine]. A pesquisa foi, na França, a primeira grande análise marxista

---

* Jean Piaget, "Sabedoria e ilusões da filosofia", em *Piaget* (trad. Nathanael C. Caixeiro, Zilda A. Dacir e Célia E. A. Di Pietro, São Paulo, Abril Cultural, 1978, Coleção Os Pensadores). (N. T.)

da literatura e da filosofia com referência às estruturas mentais coletivas elaboradas implícita ou (raras vezes) explicitamente por grupos sociais claramente circunscritos. Goldmann dedicou-lhe sete anos de trabalho efetivo e contínuo. Aliás, a obra se pretendia na linha do estudo já elaborado sobre Kant e integrava-se no horizonte teórico de um estudo de conjunto sobre o pensamento dialético que deveria prosseguir com um "Goethe" e um "Marx". Na verdade, Goldmann abandonou esse projeto para se dedicar, durante muitos anos, à sociologia da literatura. Foi somente depois de 1968 que decidiu retomá-lo, iniciando a análise sistemática de Marx que, infelizmente, não conseguiu terminar. *Le Dieu caché* provocou grandes discussões quando foi publicado. Embora tenha sido objeto de elogios e citado como exemplo de aplicação do marxismo autêntico[4], nem por isso foi menos submetido à ira da "ortodoxia marxista", ou seja, do dogmatismo medíocre representado na época por *La nouvelle critique*. Acontece que esse estudo de Goldmann, tanto por sua importância teórica como pelo rigor do método que nele se desenvolve, dominou largamente as pesquisas marxistas e não marxistas entre os anos 1950 e 1960. Antes do término de *Le Dieu caché*, Émile Bréhier pediu a Goldmann um volume para a coleção Nouvelle Encyclopédie Philosophique. Goldmann escreveria *Sciences humaines et philosophie* [Ciências humanas e filosofia], publicado em 1952. Nele, o autor desenvolveu, contra o positivismo na sociologia e na filosofia, uma verve polêmica e um domínio da dialética marxista pouco comuns. Em 1959, Goldmann publicou *Recherches dialectiques* [Investigações dialéticas], um conjunto de estudos teóricos marxistas e análises concretas em sociologia, sociologia da literatura e da filosofia. Eleito no mesmo ano para diretor de estudos na École Pratique des Hautes Études, criou uma cadeira de Sociologia da Literatura e da Filosofia, orientada particularmente para a análise do pensamento filosófico marxista, para a filosofia existencialista e para os problemas metodológicos da sociologia do romance. Grandes nomes de várias disciplinas foram convidados para as discussões que Goldmann organizou em seus seminários. Entre eles, Hobsbawm, Umberto Eco, Sanguinetti, Jeun Kott, Althusser, Marcuse, Adorno etc. Esses nomes, assim como a variedade de posi-

---

[4] Cf., por exemplo, Jean-Paul Sartre, *Crítica da razão dialética* (trad. Guilherme João de Freitas Teixeira, apres. Gerd Bornheim, Rio de Janeiro, DP&A, 2002).

ções teóricas que representam, testemunham de maneira eloqüente a abertura do pensamento goldmanniano.

Os artigos reunidos em *Recherches dialectiques* são excepcionais em diversos sentidos. Escritos entre 1947 e 1958, continuam como a manifestação límpida da coerência e do rigor de um pensamento que se afirmava e não tinha a menor relação com o dogmatismo stalinista. Eis aí uma constatação importante sobre a qual é preciso insistir. Durante o período pós-guerra, e bem depois do XX Congresso do Partido Comunista soviético, chamado de "desestalinização", foram inúmeros os intelectuais "marxistas" submetidos ao Partido Comunista Francês que atiraram pedras em Goldmann. Ele era, de alguma maneira, um desmancha-prazeres. Ali estava um jovem intelectual, não filiado ao "partido", que, ainda por cima, pretendia lhe dar lições dedicando-se a formular, de modo original, os princípios gerais e particulares da filosofia marxista! O que poderia ser mais vexatório? Durante anos, Goldmann foi alvo das críticas da ortodoxia dogmática. E ao longo de todos esses anos, jamais deixou de defender o "seu" marxismo, que era o de Lukács antes da renegação e, para além da contribuição genial do pensador húngaro, o de Marx e de suas esperanças.

Após terem sido durante anos e anos os escribas do dogmatismo, alguns de seus representantes oficiais mais tarde se eximiram publicamente e silenciaram; outros logo renegaram seu passado e, com ele, o próprio marxismo em benefício de hipóteses metafísicas bizarras; os últimos, enfim, que atribuíam sua miséria teórica ao caráter demasiadamente filosófico dado até então ao marxismo, tornaram-se os tarefeiros modernos da ciência e encontraram, para substituir o primeiro, um segundo dogmatismo: o positivismo estruturalista. Cabe lembrar aqui: *Goldmann permaneceu muito tempo sozinho*, tanto no plano teórico como no político. Portanto, esteve muitas vezes contra a corrente e *Recherches dialectiques* comprova isso. O radicalismo revolucionário dessa obra se opõe em todos os pontos ao revisionismo teórico oriundo do stalinismo.

A partir dos anos 1960, abre-se, no plano da teoria política própria do pensamento goldmanniano, um período de questionamentos centrado essencialmente na experiência da autogestão iugoslava e na teoria conhecida como da nova classe operária, formulada pelos pensadores italianos Victor Foa e Bruno Trentin (retomada na França por André Gorz e Serge Mallet). Durante vários anos, Goldmann tentou desenvolver uma problemática nova, a do *reformismo revolucionário*, que, segundo ele, tornara-se atual em razão do novo caráter da luta de classes nos países industrialmente desenvolvidos. Veremos, no capítulo consagrado ao marxismo de Goldmann, em que consiste precisamente essa teoria. Observemos apenas que, desde Maio de 1968, Goldmann reconsiderou esse problema, adotando posições teóricas relativas ao marxismo clássico muito mais matizadas. Mas se, de 1960 a 1968, ele se dedicou à defesa da teoria do reformismo revolucionário, tinha consciência, no entanto, das implicações em termos de renúncia e ruptura em relação à estratégia marxista revolucionária clássica. Ao contrário de certos ideólogos – muitas vezes confusos, aliás – que diziam representar essa corrente de pensamento, mas na realidade procuravam apenas um máximo de adaptação ao mundo capitalista, Goldmann jamais deixou de se perguntar sobre a pertinência dessa teoria em relação à estratégia revolucionária, cujo distanciamento ele sentiu como "problemático, pesado e doloroso".

E basta nos lembrarmos da atividade de Goldmann em Maio de 1968, nos anfiteatros da Sorbonne ou na rua, ao lado dos manifestantes, para concluir sobre o caráter autenticamente revolucionário de suas convicções. A simpatia efetiva que, a partir de então, ele revelava ter pelo movimento dito "esquerdista" só fez confirmar cotidianamente essa atitude.

Em 1961, o Institut de Sociologie de l'Université Libre de Bruxelles pediu-lhe para organizar um centro de sociologia da literatura, do qual se tornou diretor em 1964. Ali, realizou pesquisas teóricas que tiveram como resultado a publicação de uma série de análises sobre a obra romanesca de André Malraux e sobre o *nouveau roman* que ele intitulou de maneira muito significativa: *Pour une sociologie du roman* [A sociologia do romance]. Interessou-se também pelos problemas da literatura e do teatro contemporâneo (Robbe-Grillet, Genet, Sartre, Gombrowicz etc.).

Mas, durante vários anos, Goldmann preocupou-se sobretudo com os problemas políticos, ideológicos e sociais da sociedade ocidental moderna. Seus dois últimos livros, *Structures mentales et création culturelle* [Estruturas mentais e criação cultural] e *Marxisme et sciences humaines*, manifestam a preocupação permanente com uma análise teórica sobre todos os níveis da sociedade capitalista. A partir de 1968, Goldmann voltou-se quase exclusivamente para esses problemas em sua reflexão teórica. E abordou-os como marxista convicto, pois, como salienta com muita razão Annie Goldmann, "tendo sempre vigorosamente se afirmado como um marxista que se inscreve na linha de Hegel, de Marx e do jovem Lukács, todas as suas pesquisas se voltaram para o desenvolvimento do pensamento socialista"[5]. Assim, tanto a vida de Lucien Goldmann como suas pesquisas encontravam-se sob o signo da filosofia marxista, e a obra teórica que ele deixou é o testemunho constante disso. É dela que nos ocuparemos agora.

---

[5] Lucien Goldmann, *Racine*, nota, p. 123-4.

Blaise Pascal (1623-1662). Com Pascal, três elementos entram na filosofia prática, elementos essenciais a toda ação: *o risco, o perigo de fracasso e a esperança de êxito.* (Lucien Goldmann, *A aposta de Pascal*)

II

Totalidade e gênese

A obra de Lucien Goldmann, assim como a do jovem Lukács[1], encontra-se sob o signo da categoria da totalidade. Em todos os seus escritos, nas aulas que proferia na École Pratique des Hautes Études e em suas palestras, ele insiste na importância dessa categoria para as ciências humanas. Essa insistência será ainda mais fortemente acentuada no debate que Goldmann inicia com todas as formas modernas do racionalismo, do positivismo, do estruturalismo estático e do idealismo especulativo.

Desde *Introduction à la philosophie de Kant*, ele lembra que a totalidade na filosofia marxista não é determinável *in abstracto*, como uma equação algébrica. A totalidade remete não a um modelo teórico, abstrato e formal, mas a uma realidade histórica em construção. Ela é um *processo* contínuo. O sujeito que faz questão de "construir" teoricamente essa totalidade é, ele próprio, um *momento* desse processo: dele participa plenamente. Daí um princípio fundamental que separa radicalmente o procedimento dialético de qualquer outra forma de pensamento, a saber, a impossibilidade de ter um *olhar externo* em relação à totalidade. "A totalidade é antes de mais nada algo de que não se pode falar no indicativo, não se pode precisamente porque estamos dentro dela"[2]. Isso quer dizer que o homem se esconde no Todo como na noite? É passivamente submisso a essa determinação? E a que lei obedece, então, a essa totalidade? Para

---

[1] Para Goldmann, o "jovem Lukács" corresponde ao período que vai até após a publicação de *História e consciência de classe*, cit., em 1923. Ele sempre foi crítico em relação ao Lukács do período stalinista.

[2] Lucien Goldmann, *Kierkegaard vivant*, p. 265-6.

essas perguntas, não há outra resposta possível além de uma análise da trajetória goldmanniana.

1. Em oposição ao idealismo hegeliano e seguindo a esteira de Marx e Lukács, Goldmann concebe que a totalidade não é regida pelo movimento do Espírito que culmina no Saber absoluto. Nesse caso, a totalidade seria submetida ao princípio interno de seu próprio processo, obedeceria à lei da evolução do conceito e não à da realidade. O mundo real seria como um epifenômeno do mundo da idéia, o objeto estaria absolutamente no sujeito. Em outras palavras, a realidade seria uma determinação, senão um produto puro da consciência. A identidade total entre a subjetividade e a objetividade existiria, via de regra, no sentido de uma dissolução do mundo da materialidade no mundo da espiritualidade. Para Goldmann, ao contrário, a totalidade é a realidade universal, que engloba a materialidade e a espiritualidade. A relação entre essas duas determinações não poderia ser simples: ela não é uma identidade absoluta e total. É antes submetida a um princípio de relatividade e de equilíbrio: até e inclusive contra o jovem Lukács, que estabeleceu, à maneira de Hegel, a identidade total entre o sujeito e o objeto, Goldmann sustenta o que ele denomina "a identidade *parcial* entre o sujeito e o objeto". Em outras palavras, ele enfatiza a existência de uma *autonomia relativa* entre a consciência e a realidade, entre o sujeito e o objeto. Nesse caso, a consciência não é mais o produto puro da subjetividade criadora, ela é o *resultado* da relação entre a subjetividade e a objetividade. E seu status epistemológico é diferente conforme seja seu campo de atuação: o das ciências humanas ou o das ciências físicas e naturais, como veremos mais adiante.

2. Ao contrário do idealismo hegeliano, o racionalismo moderno sob todas as suas formas faz questão de afirmar a primazia absoluta do objeto sobre o sujeito, da materialidade sobre a consciência. Na corrente estruturalista moderna, e essencialmente em Louis Althusser, a concepção da totalidade como *dado* objetivo é elevada ao patamar de axioma central da análise teórica. Para Althusser, a totalidade é de fato "um todo complexo sempre já dado" que é possível construir cientificamente. Assim, a totalidade é um *conceito* cujo conteúdo é perceptível de acordo com o rigor da análise científica. É uma determinação objetiva regida pela organização estática e hierarquizada de seus elementos. A relação entre a forma e o conteúdo é esmaecida em benefício apenas da aper-

cepção da forma. O princípio da contradição é suprimido; a totalidade perdeu sua alma. Ela é simplesmente um modelo abstrato.

3. Em oposição tanto ao idealismo metafísico como ao racionalismo positivista e estruturalista, Goldmann sustenta que a totalidade não poderia ser objetivamente dada, mas que, em sua essência, é produto da atividade humana. Na discussão de encerramento do colóquio "Kierkegaard vivant" [Kierkegaard vivo], ele retoma essa idéia claramente: "A totalidade não é [jamais] dada, nem sequer objetivamente dada, ela se faz todos os dias com a história"[3]. A ação humana é um eterno processo de transformação da totalidade: por isso, para apreender a realidade, o homem procede por totalizações relativas sem jamais alcançar a objetividade pura e cristalina. Ele próprio é *história*. E é por esse processo, que consiste em atingir certa coerência estrutural, que o homem destrói as totalidades antigas para criar novas. "Só existe totalização na medida em que há destotalização". *Portanto, a totalidade é processo histórico contínuo*. Ela é regida pelo princípio de variação interna, não de fixação das partes. A relação entre o conteúdo e a forma é conseqüentemente uma relação dialética, no sentido em que a forma é o resultado *indireto* do conteúdo. O que quer dizer que a forma procede igualmente do movimento de transformação do conteúdo. Não há linearidade de efeitos do conteúdo sobre a forma, mas principalmente *interdependência*, ação e retroação, movimento biunívoco entre um e outro. Esse princípio, magistralmente demonstrado por Hegel em "A ciência da lógica"[*], é sempre retomado por Goldmann.

Se a totalidade é submetida então a um processo de variação, as estruturas internas – o que se convencionou chamar de "as partes" – jamais existem de maneira absoluta, elas próprias estão sempre em processo de transformação e de mutação. Esse processo é o da superação da quantidade pela qualidade, da mutação de uma estrutura para outra. E nessa problemática, o status da estrutura (da parte) é determinado em última instância pela totalidade, e não o inverso. Assim, do fato de o movimento ser a lei de transformação e de mutação da estrutura no Todo resulta que *a própria estrutura é um processo de estruturação*.

---

[3] Ibidem, p. 267.

[*] Georg Wilhelm Friedrich Hegel, "A ciência da lógica", em *Enciclopédia das ciências filosóficas em compêndio, 1830* (trad. Paulo Meneses, colaboração Pe. José Machado, São Paulo, Loyola, 1995, v. 1). (N. T.)

É por isso que a lei (se é que podemos falar de lei nesse caso) que determina a totalidade é aquela de uma eterna dialética de *estruturação–desestruturação*. Aliás, Goldmann gostava de salientar que Jean Piaget, em outra área, não só descobriu essa lei – no entanto presente em Marx – por meio de suas próprias pesquisas, como ainda conduziu sua argumentação até não utilizar mais a noção de estrutura, preferindo a de "estruturação"[4]. Em outras palavras, de acordo com a perspectiva goldmanniana, a totalidade é não uma totalidade formal, mas sim *dialética*. Totalidade dialética: essa é a pedra angular do pensamento de Goldmann. Como a cientificidade absoluta dessa totalidade é impossível (apreender o que evolui é interrompê-lo, portanto matá-lo; ora, para Goldmann, a história não é um cadáver), Goldmann especifica que essa cientificidade pode ser relativa, uma vez que é determinada pelo sujeito que age e analisa. Por isso, nesse horizonte, a totalidade não é um conceito, mas uma *categoria metodológica*. Goldmann retoma, inteiramente a suas expensas, a tese de Lukács segundo a qual a totalidade é, enquanto categoria metodológica, o principal critério de diferenciação entre a filosofia tradicional burguesa e o marxismo. Lukács escreve:

> Não é o predomínio dos motivos econômicos na explicação da história que distingue de maneira decisiva o marxismo da ciência burguesa, e sim o ponto de vista da totalidade. A categoria da totalidade, o predomínio universal e determinante do todo sobre as partes constitui a própria essência do método que Marx retomou de Hegel e transformou de modo a torná-lo o fundamento original de uma ciência inteiramente nova [...]. O predomínio da categoria da totalidade é o suporte do princípio revolucionário na ciência.[5]

Não seria possível definir melhor a totalidade como categoria metodológica. O conhecimento das partes é determinado assim pelo Todo, da mesma maneira que a compreensão do Todo remete ao conhecimento das partes e de sua combinação, de seu sistema de relações. A compreensão de um fato humano (para Goldmann, tudo que é "executado" pelos homens *é* um fato humano) somente é possível nessa problemática mediante sua inserção em estruturas mais gerais,

---

[4] Lucien Goldmann, *Kierkegaard vivant*, p. 272.
[5] Georg Lukács, *História e consciência de classe,* cit., citado por Goldmann em *Recherches dialectiques*, p. 28.

espaciotemporais, das quais ele faz parte, do mesmo modo que a compreensão dessas próprias estruturas remete ao estudo de seus componentes, ou seja, do que Goldmann denomina "totalidades parciais e relativas". Daí, evidencia-se todo um modo de raciocínio. Para Goldmann, o conhecimento de um fato é submetido a um par: ele é *compreensivo-explicativo*. A dialética marxista não só requer, mas é também a condição *sine qua non* de um movimento contínuo da compreensão de um fenômeno para a sua explicação. Eis, por meio de um exemplo concreto, como Goldmann esclarece o problema:

> Acabamos de dizer que a compreensão é a evidenciação *de uma estrutura significativa imanente ao objeto estudado* [...]. A explicação é simplesmente a inserção dessa estrutura, enquanto elemento constitutivo e funcional, em uma estrutura imediatamente globalizante, que o pesquisador não explora, no entanto, de maneira detalhada, mas somente na medida em que isso é necessário para tornar inteligível a gênese da obra que ele está estudando. Entretanto, basta tomar como objeto de estudo a estrutura globalizante para que o que era explicação se torne compreensão e para que a pesquisa explicativa tenha de se reportar a uma nova estrutura ainda mais ampla. A título de exemplo: compreender os *Pensamentos* de Pascal ou as tragédias de Racine é evidenciar a visão trágica que constitui a estrutura significativa que rege o conjunto de cada uma dessas obras; mas *compreender* a estrutura do jansenismo extremista é *explicar* a gênese dos *Pensamentos* e as tragédias racinianas. Da mesma maneira, *compreender* o jansenismo é *explicar* a gênese do jansenismo extremista; *compreender* a história da nobreza de toga no século XVII é *explicar* a gênese do jansenismo; *compreender* as relações de classe na sociedade francesa do século XVII é *explicar* a evolução da nobreza de toga etc.[6]

Daí resulta, entre outras coisas, que a pesquisa em ciências humanas deve situar-se em dois níveis: no nível do objeto estudado (do fenômeno propriamente dito) e no nível da estrutura globalizante. Na análise, a compreensão é uma primeira etapa que dá conta da constituição interna da estrutura, ela é *imanente*. É uma interpretação. Em compensação, a explicação é *externa* à interpretação. É extrínseca. Recorre ao contexto histórico, social e cultural que envolve a estrutura. É o lugar a que deve se remeter constantemente o procedimento com-

---

[6] Lucien Goldmann, *Marxisme et sciences humaines*, p. 66. Os grifos são de Goldmann.

preensivo. Mas esses dois processos não são metodologicamente conexos. Na verdade, eles são *um único e mesmo processo* redutível a duas instâncias diferentes da totalidade, pois, escreve Goldmann:

> As estruturas constitutivas do comportamento humano não são na realidade, para essa perspectiva, dados universais, mas fatos específicos resultantes de uma gênese passada e que sofreram transformações que esboçam uma evolução futura. Ora, em cada nível do recorte do objeto, o dinamismo interno da estrutura é o resultado não só de suas próprias contradições internas, mas também do dinamismo – estreitamente ligado a essas contradições internas – de uma estrutura mais ampla que o abarca e tende, ela mesma, para o seu próprio equilíbrio; a isso é preciso acrescentar, aliás, que todo equilíbrio, em qualquer nível que seja, só pode ser provisório, uma vez que é constituído por um conjunto de comportamentos humanos que transformam o meio ambiente e por isso mesmo criam condições novas graças às quais o antigo equilíbrio se torna contraditório e insuficiente. *Nessa perspectiva, toda descrição de uma estrutura dinâmica [...] tem um caráter compreensivo em relação ao objeto estudado e um caráter explicativo em relação às estruturas mais limitadas que são seus elementos constitutivos.*[7]

Essa dialética compreensão–explicação é evidentemente subentendida por uma premissa metodológica central, a saber, o caráter *funcional* da parte, da estrutura, na totalidade. As estruturas manifestam, por princípio, as reações dos homens aos problemas que se põem para eles: por esse motivo, elas preenchem uma *função* no âmbito da totalidade. Tal funcionalidade é um movimento rumo à realização, portanto à superação da estrutura. Essa ligação indissolúvel entre a função e a estrutura é a principal manifestação do caráter histórico do comportamento humano. Separar a função da estrutura, submeter a primeira à segunda, é portanto praticar um fenomenologismo forçado, proferido por um positivismo rudimentar, que tem um e outro como a conseqüência de se limitar à simples *descrição* dos fenômenos. Descrição que tem mais ou menos êxito, conforme o caso, mas descrição mesmo assim, e portanto limitada enquanto tal. É exatamente o que Goldmann critica no estruturalismo formalista e estático de Lévi-Strauss e de Foucault. O principal limite dessa corrente é aquele que ela

---

[7] Ibidem, p. 21. Grifos nossos.

traça diante da gênese, diante da transformação, diante da dialética, em suma, diante da história. Tal estruturalismo somente existe por seu "fechamento metodológico a qualquer dimensão histórica dos fatos sociais"[8]. Esse fechamento metodológico à história é erigido, poderíamos dizer, em princípio histórico novo pela corrente estruturalista não genética. Durante anos, Goldmann não cessou de demonstrar as conseqüências inerentes a esse fechamento. A dialética goldmanniana da estruturação–desestruturação é determinada, em seu remate, pelo emprego do conceito de história. Sem se tornar histórica, a mutação de um estado para outro da estrutura é impossível na teoria e na prática. Mas isso não quer dizer de maneira alguma que também seja impossível distinguir, no plano metodológico, uma invariante estrutural, ou antes o que Goldmann prefere chamar de "modelo teórico". É até uma exigência fundamental na análise. Mas deve ser compreendida como *momento* da análise, a qual culmina necessariamente na variação, mesmo que seja apenas porque *a explicação de uma estrutura modifica igualmente a sua compreensão*. Por exemplo: em *O capital*[*], Marx extrai o modelo teórico, a invariante estrutural do modo de produção capitalista. Esse modelo é construído enquanto estrutura que resulta da desestruturação progressiva do modo de produção feudal. (Vê-se, por exemplo, a acumulação capitalista primitiva constituir-se desde o feudalismo.) É por isso que a invariabilidade das relações intrínsecas ao modo de produção capitalista (a estrutura que *designa* esse modo) é, ela própria, determinada pela variação histórica, ou seja, mais precisamente pela luta de classes. Louis Althusser esforçou-se em vão para defender que *O capital* é um estudo estrutural da sociedade capitalista independentemente de seu futuro. Ora, como observa muito bem Goldmann, o subtítulo de *O capital* é *crítica da economia política* e, fiel ao princípio da crítica dialética, Marx dedica-se em sua obra a demonstrar que os fenômenos econômicos, do mesmo modo que a sociedade capitalista, constituem *realidades históricas transitórias*, limitadas a certo estágio de desenvolvimento e destinadas a desaparecer no curso das transformações futuras. Em outras palavras, do mesmo modo que é impossível estudar o futuro sem delimitar seu objeto,

---

[8] Lucien Goldmann, *Sciences humaines et philosophie*, p. 12.

[*] Karl Marx, *O capital: crítica da economia política* (trad. Regis Barbosa e Flávio R. Kothe, 2. ed., São Paulo, Nova Cultural, 1985). (N. T.)

portanto sem a construção de uma invariante estrutural desse objeto, é também impossível compreender o objeto independentemente de sua inserção na história. É entre esses dois escolhos que a dialética marxista tece sua trama. Escreve Goldmann:

> A idéia de um estudo puramente contínuo, diacrônico, que não insistisse nos sistemas e nas estruturas, é tão impossível do ponto de vista científico e inadequada em relação à realidade (que é permanentemente processo de estruturação e de desestruturação) quanto um estudo puramente sincrônico, que tratasse as estruturas externamente aos sujeitos que as transformam.[9]

Desse ponto de vista, embora seja verdade que o estudo sincrônico deve ser privilegiado no procedimento analítico, isso se dá somente a título provisório e como premissa na direção da explicação pela gênese.

É a história que explica a estrutura, e não o inverso. Ao reafirmar constantemente esse princípio contra a escola estruturalista não genética em geral e althusseriana em particular, Goldmann continua fiel à dialética de Marx e do jovem Lukács.

---

[9] Lucien Goldmann, "Sujet et objet en sciences humaines", p. 98.

III

O ESTRUTURALISMO GENÉTICO: MARXISMO E CIÊNCIAS HUMANAS

1. Sujeito e objeto nas ciências humanas

> *Se quisermos transformar a ciência positiva em matéria de ciências humanas, seremos obrigados a ser filósofos, ou seja, a refletir sobre o status do conhecimento, sobre o status do sujeito conhecedor e sobre seu lugar na elaboração das verdades.*
>
> Lucien Goldmann, *La création culturelle dans la société moderne*, p. 125

Uma das contribuições mais férteis e mais originais de Goldmann situa-se no terreno do método marxista dentro das ciências sociais. Várias gerações de estudantes marxistas na França e no mundo encontraram em suas obras, e particularmente no opúsculo de 1962, "Les sciences humaines et la philosophie", um arsenal precioso para a luta contra o positivismo, o empirismo e o ecletismo da sociologia acadêmica institucionalizada.

O ponto de partida de Goldmann é a especificidade das ciências humanas em relação às ciências naturais, explícita ou implicitamente negada pelo positivismo. O mundo natural (morto ou vivo) e o mundo social (consciente) são duas maneiras de ser *qualitativamente* diferentes e, conseqüentemente, deve haver também diferenças qualitativas entre os respectivos métodos das ciências físico-químicas ou biológicas e os das ciências humanas. Essa distinção não é *me-*

tafísica e não exclui nem a gênese de uma das realidades a partir da outra, nem as formas de transição.

Há, pelo menos, quatro aspectos fundamentais, estreitamente relacionados, da especificidade metodológica das ciências humanas:

1. As ciências naturais estudam os fatos unicamente no plano externo de sua realidade sensível. A ciência social encontra-se diante de ações realizadas *conscientemente*[1] (seja essa consciência verdadeira ou falsa) e deve extrair o *significado* delas. Em suma, é uma ciência ao mesmo tempo *compreensiva* e explicativa, e não simplesmente descritiva.

2. Na base das ciências naturais, há um acordo real e implícito entre todas as classes da sociedade atual sobre o objetivo da pesquisa científica: o conhecimento e o controle da natureza (cabe salientar que até o século XIX o conhecimento da própria natureza era objeto de um embate ideológico; certo número de forças sociais ligadas ao passado e à Igreja se opunha aos progressos da ciência).

3. Nas ciências sociais e históricas, existe uma *identidade parcial entre o sujeito e o objeto* (o pesquisador e a sociedade): o sujeito faz parte do objeto estudado e o objeto encontra-se no interior da consciência do sujeito. Por exemplo, em *O capital*, de Marx, o proletariado (por intermédio de seu representante teórico) analisa a sociedade capitalista e analisa-se como alguém que faz parte dessa sociedade, mas também, ao se analisar, ele não é mais o mesmo, porque toma uma consciência de si diferente daquela de antes do desenvolvimento do marxismo. Vê-se, então, que o tipo de objetividade é aqui radicalmente diferente do das ciências naturais. Em conseqüência da identidade parcial sujeito–objeto, a objetividade nas ciências históricas não depende somente da inteligência, da "boa vontade", da honestidade individual do pensador, mas constitui um problema sociológico: toda teoria sobre a sociedade está relacionada à consciência possível do grupo ao qual pertence o pensador.

4. Segue-se que, nas ciências humanas, é impossível separar os "julgamentos de fato" dos "julgamentos de valor". Todo pensador aceita, conscientemente ou não, voluntária ou involuntariamente, a ideologia, as categorias implícitas,

---

[1] Na realidade, Goldmann faz uma distinção entre consciente e pré-consciente, sobre a qual não nos estenderemos aqui. A propósito de Descartes e Sartre, ver Lucien Goldmann, *Marxisme et sciences humaines*, p. 60.

os valores, as prenoções de uma classe. Não há fatos brutos na ciência social. Nenhuma enquete, nenhuma pesquisa, nenhuma monografia pode esgotar a infinitude da realidade social. *Ela faz certas perguntas à realidade e escolhe os fatos à luz dessas perguntas*. Sua problemática, que é estruturada em função de certa *perspectiva de classe*, de certos valores, determina os critérios de seleção, a distinção entre o essencial e o secundário, a importância dada a esses fatores etc. Portanto, os valores se situam não só no nível da interpretação dos acontecimentos, da formulação das teorias, mas muito mais profundamente no nível da percepção dos próprios fatos.

É verdade que, como enfatizava Poincaré, premissas no indicativo não têm conclusão *lógica* no imperativo. Em outras palavras: o conhecimento adequado dos fatos não justifica logicamente a validade dos julgamentos de valor. A ligação entre os dois, no entanto, não é lógica, é psicológica e social:

a) o conhecimento de certos fatos – por exemplo, a exploração dos trabalhadores pelo mecanismo da mais-valia – é capaz de favorecer certo comportamento da classe operária, perigoso para os interesses conservadores;

b) os julgamentos de valor condicionam, influenciam a compreensão da realidade social, produzindo uma visão necessariamente "parcial" e "deformada" dos fatos.

Em suma, se os julgamentos de fato são construídos a partir das categorias mentais ligadas à práxis de uma classe social, os julgamentos de valor determinam, na base, os julgamentos de fato, na perspectiva dessa classe. Por outro lado, os julgamentos de fato contribuem, evidentemente, para orientar a práxis e os julgamentos de valor. Trata-se, então, de uma relação dialética de unidade contraditória e de ação recíproca entre os dois momentos de uma realidade global, teórico-prática.

É a partir dessas premissas epistemológicas que Goldmann se opõe irredutivelmente ao positivismo, que exige do sociólogo o estudo dos fatos sociais "como coisas", "externas", "no estado de espírito em que estão físicos, químicos e fisiologistas" (Durkheim). Para Goldmann, toda tentativa de ruptura radical e esclerosada entre fatos e valores nas ciências humanas deriva, em última análise, do positivismo, que vai muito além da escola dos discípulos de Auguste Comte.

Essa tendência positivista se manifesta até no seio de algumas correntes marxistas. Em um célebre artigo de 1957 – "Y a-t-il une sociologie marxiste?" [Existe uma sociologia marxista?] – Goldmann critica os teóricos do marxismo dito "ortodoxo" (Kautsky, Plekhanov, os stalinistas etc.), que transformam o conceito dialético de "socialismo científico" em um conceito positivista de ciência "no indicativo", objetiva e alheia a qualquer juízo de valor. Rejeita igualmente a corrente neokantiana (Vorländer, Waltmann, Masaryk, Cohen, Natorp), que quer reduzir o socialismo de Marx a uma "ética", assim como a posição eclética de M. Rubel sobre uma "dualidade" em Marx entre sociologia e ética. É que, para Goldmann, não há em Marx nem "dualidade", nem "confusão", nem "mistura" entre juízos de valor e análises objetivas, mas um método *dialético* no qual compreensão, explicação e valoração são *rigorosamente inseparáveis*. Ele se apropria então da concepção de Lukács, que dá à obra de Marx sua verdadeira coerência interna e suprime as pretensas "dualidades":

> O conhecimento histórico não é ciência contemplativa, a ação histórica não é técnica social (Maquiavel) nem ação ética (Kant); ambos constituem um todo indivisível que é a tomada progressiva de consciência e a marcha da humanidade para a liberdade"[2].

A meio caminho entre o positivismo e o marxismo situa-se a posição contraditória de Max Weber: os juízos de valor do pesquisador intervêm somente na escolha e na construção do objeto (uma "individualidade histórica"); o estudo propriamente dito desse objeto pode e deve ser objetivo, eliminando qualquer valoração.

Ora, essa posição é evidentemente insustentável: os elementos escolhidos determinam antecipadamente, em grande medida, o resultado da pesquisa. O que uma perspectiva elimina como secundário ou negligenciável pode ser precisamente o essencial para a perspectiva de classe diferente ou oposta.

Conclusão: a única posição realista e científica é a admissão do caráter socialmente condicionado de todo pensamento sociológico e a superação, nas ciências humanas em geral, da separação rígida e metafísica entre fatos e valores, filosofia e ciência, sujeito e objeto, teoria e prática.

Como resolver, a partir dessas premissas epistemológicas, o problema da *objetividade*, do verdadeiro conhecimento? Uma sociologia do conhecimento deve

---

[2] Lucien Goldmann, *Recherches dialectiques*, p. 293.

necessariamente levar ao relativismo? Todas as teorias sociais são igualmente verdadeiras ou falsas? E se são necessariamente "parciais", engajadas, "ideológicas", inseridas na visão do mundo de uma classe social, como então descobrir a verdade científica objetiva?

Para responder a essas questões, Goldmann inicialmente acerta contas com as pseudo-soluções, como a de Mannheim, que sustenta ter descoberto um grupo que desfruta de uma situação privilegiada que lhe permite um conhecimento adequado da realidade, a *Freischwebende Intelligenz* (inteligência sem amarras). Não é de espantar que a teoria de Mannheim tenha sido triunfalmente acolhida pela ciência social universitária: "Concretamente, essa posição equivale a transformar a verdade em privilégio de certo número de diplomados e de especialistas em sociologia"[3]. Na realidade, os intelectuais expressam em suas obras seu próprio *caráter social de intelectuais*, assim como as tendências e os interesses da classe social a que pertencem (ou se incorporam). Não há nenhum motivo para que a perspectiva dos intelectuais seja menos parcial que a de qualquer outro grupo profissional: advogados, padres etc.

Em compensação, a resposta dada pelo jovem Lukács é bem mais interessante: para o autor de *História e consciência de classe*, o máximo de conhecimento da realidade é representado, em nossa época, pela consciência possível do proletariado revolucionário, que tende a abolir as classes e a identificar-se com a sociedade inteira; é por isso que seu ponto de vista não é mais parcial, mas sim de uma consciência humana universal, em que sujeito e objeto se identificam relativamente. Apesar de suas reservas sobre a teoria de Lukács (que Goldmann considerava idealista demais e quase apocalíptica do ponto de vista da esperança revolucionária), é a partir dela que ele vai formular sua própria solução para o problema da objetividade.

As diferentes perspectivas e visões do mundo não são equivalentes. Certos pontos de vista permitem uma maior compreensão da realidade e possuem assim uma superioridade epistemológica em relação aos outros. Trata-se de escolher aquele que permite compreender os outros, explicá-los, revelar seus limites etc. Por exemplo, o pensamento de Marx permite compreender e explicar o de Saint-Simon, mas este, para quem os interesses do proletariado e dos in-

---

[3] Idem, *Sciences humaines et philosophie*, p. 52.

dustriais são idênticos, não pode explicar a teoria marxista. De modo geral, o pensamento social de uma classe reacionária é mais limitado e estreito do que o de uma classe ascendente. Mas há exceções importantes à regra, por exemplo: a crítica de Pascal ao racionalismo cartesiano.

Em um notável escrito de juventude – "Le matérialisme dialectique est-il une philosophie?" [O materialismo dialético é uma filosofia?] –, Goldmann salientou um aspecto importante do problema: as classes ascendentes ou mesmo revolucionárias às vezes têm interesse em evitar o conhecimento de certos aspectos da realidade, uma vez que esse conhecimento poderia favorecer a ação de uma classe que aspira a uma mudança ainda mais radical; por exemplo, a burguesia em sua fase revolucionária lutou pela igualdade jurídica dos cidadãos, mas na maioria das vezes deixou na obscuridade a desigualdade econômica. O *proletariado*, em compensação, é a primeira classe que quer a abolição da opressão e a concretização de uma sociedade sem classes; não pode haver camada social que depois dele queira realizar uma mudança mais radical. Não há nenhum interesse em impedir uma tomada de consciência qualquer da realidade social. Por isso, o proletariado é a primeira classe na história que pode chegar a uma consciência verdadeiramente autêntica[4].

O problema torna-se mais complexo quando passamos das classes sociais para o indivíduo, para o pesquisador individual. Segundo Goldmann, toda tentativa de síntese filosófica entre visões do mundo opostas leva a uma falta de coerência e ao ecletismo. Em contrapartida, ele acredita na possibilidade de uma "síntese entre os elementos da verdade que permitem ver as perspectivas de várias classes diferentes"[5], dentro do campo do pensamento científico. Parece-nos que, em certa medida, essa tese está em contradição com a unidade dialética entre filosofia e ciência na qual, com toda razão, Goldmann insiste. Mais do que de "síntese", seria preciso falar aqui de incorporação à ciência, situando-se na perspectiva do proletariado, de elementos da verdade existentes nas teorias de pensadores de outros grupos sociais. Elementos da verdade que nelas se encontram não graças a sua perspectiva de classe, mas apesar dela ou no interior dos limites traçados por essa perspectiva.

---

[4] Idem, *Recherches dialectiques*, p. 20-3.
[5] Idem, *Sciences humaines et philosophie*, p. 59.

2. O método e os conceitos marxistas nas ciências humanas

Para Goldmann, aplicar o método marxista – ou seja, o estruturalismo genético – ao estudo da sociedade é, antes de mais nada, apreender os fenômenos sociais em sua *historicidade*. Uma ciência concreta dos fatos humanos somente pode ser uma sociologia histórica ou uma história sociológica. Donde o combate incessante de Goldmann contra todas as correntes anistóricas, na sociologia burguesa ou na filosofia estruturalista. Para ele, todo fato humano, econômico, social, político ou cultural, coletivo ou individual, material ou "espiritual", só pode ser compreendido e explicado no contexto de um processo histórico mais amplo, do qual faz parte. Processo que não é limitado ao passado e ao presente, mas que se abre para o *futuro* e, conseqüentemente, deve ser apreendido pela categoria marxista da *possibilidade objetiva*.

Goldmann pertence então, como Lukács e Gramsci, à corrente dialético-histórica do marxismo e toda a sua obra foi um trabalho rigoroso e sistemático de historicização das ciências humanas em geral e da sociologia da cultura em particular.

Quem faz a história? Quem é o sujeito do movimento histórico? A essa questão fundamental Goldmann recusa duas respostas antagônicas, que lhe parecem igualmente errôneas:

a) A visão da filosofia do Iluminismo, do existencialismo, da psicanálise freudiana, do empirismo inglês, que conhece apenas o sujeito individual: *cogito* cartesiano ou husserliano, sensações ou proposições protocolares dos empiristas, nas quais o indivíduo sempre aparece como único sujeito possível da ação, do pensamento e do comportamento.

Goldmann reconhece que a *libido* se situa efetivamente no nível do comportamento individual. Em contrapartida, as ações históricas, o domínio da natureza e a criação cultural só podem ser compreendidos em seu significado e explicados em sua gênese a partir de um sujeito coletivo, ou antes, *transindividual*. Por exemplo, em uma atividade prática baseada na divisão do trabalho, o indivíduo é apenas um elemento parcial de um sujeito que o transcende. Esse sujeito coletivo não é o que a escola de Durkheim designava com esse termo, ou seja, uma consciência coletiva que estaria situada fora ou ao lado da consciência individual, mas um *sujeito transindividual* em que cada indivíduo faz parte desse sujeito e participa da tomada de consciência ou da ação comum. Toda tentativa de conceber o sujeito como individual tem como conseqüência colocar diante desse sujeito a realidade social e histórica como dado estático; a ligação do sujeito individual com essa realidade pode ser apenas uma ligação moral ou técnica. Se, ao contrário, relacionamos os fatos sociais com os sujeitos coletivos, o processo de transformação da realidade externa integra-se como elemento constitutivo do processo de transformação do sujeito e vice-versa.

b) A tese do estruturalismo não genético (Lévi-Strauss, Foucault, Greimas, Lacan, Barthes, Althusser), que tenta eliminar o conceito de sujeito para se limitar ao estudo das estruturas objetivas. Para essa escola, são as estruturas que criam os acontecimentos históricos, é a linguagem que cria os homens (Todorov), são as relações de produção que atribuem papéis aos indivíduos humanos (Althusser).

Ora, na realidade, ressalta Goldmann, linguagem, estrutura, relações de produção não são sujeitos e jamais produziram nada. São os homens que, engajados em um conjunto de relações estruturadas, produzem a história; são os homens que criam a linguagem no interior de uma práxis rigorosamente estruturada, e são os homens que, no interior de relações de produção que têm uma estrutura precisa, agem, transformam a realidade, mudam as relações de produção e suas estruturas. Essas estruturas são, portanto, o resultado da ação interna dos homens, ou seja, de um sujeito, e serão, por sua vez, modificadas pela práxis efetiva da qual elas constituem um caráter essencial (e não um elemento externo e autônomo).

Portanto, a história é o produto da práxis de sujeitos humanos coletivos. No entanto, Goldmann salienta que, entre os inúmeros sujeitos transindividuais cuja ação se entrelaça (família, grupo de amigos, grupo profissional etc.) e que constituem a trama da sociedade global, há uma categoria cuja ação tem uma pertinência particular para as transformações históricas: são os grupos sociais cuja práxis e a consciência são orientadas não para um setor particular da sociedade, mas para a totalidade social, ou seja, para o conjunto das relações inter-humanas, seja para conservá-las, seja para transformá-las: trata-se das *classes sociais*. Marx tinha razão ao privilegiar as classes sociais como grupo cuja ação é orientada para a universalidade, para a estruturação de toda a sociedade, e ao enxergar, nas relações entre as classes, a chave para a compreensão da realidade social passada, presente e futura.

O que é uma classe social? Para Goldmann, é preciso defini-la a partir de três fatores interdependentes, mas não idênticos:

a) a função na produção;
b) as relações com as outras classes;
c) uma visão do mundo específica.

É essa última dimensão que interessa mais particularmente e será o objeto da maior parte das pesquisas sociológicas: as classes como infra-estrutura das correntes filosóficas, literárias, artísticas e religiosas.

Dito isso, ele não ignora o primeiro fator e sua importância primordial: a função na produção. O povo, as classes oprimidas, sempre foram obrigados a conceder ao trabalho a maior parte de seu tempo e de sua vida. Quanto às classes dominantes, elas sempre consagraram muito de sua atividade à organização de sua vida econômica e à defesa de seus privilégios. Por outro lado, é evidente que a ausência de preocupações econômicas (principalmente em um mundo onde essa "despreocupação" é um privilégio e, graças à miséria da massa, a riqueza confere um poder efetivo sobre os homens) cria um modo de vida que, salvo exceções, atua necessariamente sobre a moral e a ideologia das classes dominantes.

Isso basta para explicar a importância *capital* dos fatores econômicos para a maneira de viver, agir, sentir e pensar da enorme maioria do gênero humano. Um exemplo típico da relação entre trabalho, ou antes, ausência de trabalho, e visão moral é a nobreza cortesã no reinado de Luís XIV, classe que não participava da produção e cuja renda provinha de privilégios feudais, pensões reais etc. Naturalmente, sua maneira de pensar foi influenciada por esse tipo de vida em que predominava o consumo e o trabalho praticamente não existia. A nobreza cortesã era, em geral, epicurista ou, às vezes, mística. Isso quer dizer que sua vida moral, voltada para os prazeres ou enjoada deles, organizava-se naturalmente em relação a eles e não, por exemplo, em relação à produção, ao dever etc.

Uma vez reconhecido esse papel determinante do que se convencionou chamar de "as infra-estruturas socioeconômicas", é preciso evitar o mecanicismo reducionista de certos autores marxistas, como Lafargue e Bukharin. A dependência da esfera ideológica, das grandes obras da cultura, da arte, da filosofia etc., em relação à base econômica, é extremamente complexa, cheia de nuances, indireta, *mediatizada*. Sobretudo, ela deixa intata a realidade própria, específica, do fenômeno cultural ou ideológico estudado, ou seja, sua *autonomia relativa*. Seria absurdo, por exemplo, querer relacionar todos os detalhes de um sistema jurídico, de uma doutrina religiosa ou de uma obra literária com a vida econômica. Tal relação existe no nível da estrutura significativa global da ideologia em questão. Mas quando os elementos fundamentais de uma visão são estabelecidos, eles devem ser desenvolvidos e expressos em um conjunto coerente, de acordo com as regras e os métodos específicos da esfera ideológica à qual pertencem (direito, religião, literatura etc.)[6].

Observa-se, então, a ausência total de fundamento de certos críticos estruturalistas que declaram que Goldmann "vê as formas superestruturais apenas como expressão fenomenal da estrutura econômica da sociedade e inteiramente determinadas. Não há, para ele, conceito de autonomia relativa da arte [...]"[7].

Ora, não só Goldmann sempre criticou explicitamente os autores marxistas que deram "uma atenção desmesurada e, algumas vezes, exclusiva ao determinismo econômico, negligenciando completamente o conteúdo e a natureza própria das obras que queriam estudar"[8], como todas as suas análises concretas pressupunham precisamente a autonomia relativa do universo cultural. Goldmann sustentava apenas que essa autonomia é, em *último recurso*, igualmente redutível à exterioridade que a cria, ou seja, às condições históricas e sociais.

Um exemplo crucial do papel determinante da economia no conjunto da práxis social é, para Goldmann, assim como para Lukács, a *reificação*[9]. Na economia mercantil em geral e capitalista em particular, produz-se um conjunto complexo de fenômenos estreitamente ligados:

a) o valor de troca aparece na consciência dos homens como uma qualidade objetiva das mercadorias (o que Marx designou, no primeiro capítulo de *O ca-*

---

[6] Ibidem, p. 100-1.

[7] Miriam Glucksmann, "Lucien Goldmann: Humanist or Marxist?", *New Left Review*, n. 56, jul.-ago. 1969, p. 57.

[8] Lucien Goldmann, *Recherches dialectiques*, p. 27.

[9] Resumimos aqui, muitas vezes parafraseando, a problemática da reificação tal como foi exposta por Goldmann em *Recherches dialectiques*.

pital, "fetichismo da mercadoria"). Uma relação social entre os homens toma a forma de um atributo quantitativo das coisas;

b) o valor de troca tende a predominar, na consciência e na vida dos homens, sobre o valor de uso, o que significa em geral uma hegemonia do quantitativo e do abstrato sobre o qualitativo e o concreto, da "coisa" sobre os homens;

c) a troca entre as mercadorias, o mercado, constitui-se em um sistema cego, objetivo, externo, independente da vontade dos indivíduos, sistema no qual o movimento das coisas inertes – dos objetos – domina os homens, reduzidos à condição de espectadores passivos;

d) as relações entre os homens tornam-se cada vez mais relações de compra e venda, em que uma coisa inerte – a mercadoria – é trocada por outra coisa inerte – o dinheiro. Os homens tornam-se autômatos, extensões, acessórios da única realidade ativa e efetiva: os objetos. "Para o padeiro, o comprador é apenas uma espécie de autômato que entra na padaria, pega a mercadoria e põe o dinheiro no balcão. Aliás, o próprio padeiro, *na maior parte de sua vida e de sua pessoa*, é simplesmente um autômato que faz a ação inversa"[10];

e) "a economia", ou seja, a produção e a troca de mercadorias, torna-se um setor da vida social que desfruta de uma autonomia quase total; embora em certa medida sofra a ação do direito e da política, ela é inteiramente subtraída de qualquer ação da religião, da moral e da vida intelectual.

Essa estrutura significativa global, designada pelo termo "reificação" (do latim *res*, coisa) por Lukács e por Goldmann, impregna toda a vida social e repercute em todas as áreas: jurídica, política, cultural, psicológica etc.

Uma das primeiras conseqüências da reificação é a formação do Estado burocrático moderno. Nesse contexto, Goldmann utiliza as análises de Max Weber, que mostram que o desenvolvimento da produção capitalista exige uma justiça e uma administração cujas decisões se possam prever, a fim de integrá-las de antemão à contabilidade das empresas. Constitui-se assim um sistema jurídico-político abstrato, formal e "calculável": a burocracia. Na verdade, o próprio surgimento da esfera política como um campo distinto é resultado do capitalismo: as formações sociais pré-capitalistas caracterizam-se por uma estreita simbiose entre a economia e a política (por exemplo, a corvéia feudal).

---

[10] Lucien Goldmann, *Recherches dialectiques*, p. 83.

Com a produção mercantil e o capitalismo, "o econômico" surge como fenômeno autônomo (segundo Goldmann, essa autonomia se torna infinitamente menor no capitalismo organizado após a Segunda Guerra Mundial, baseado na intervenção crescente do Estado, no planejamento indicativo etc.), que tem suas próprias leis de funcionamento, e, de maneira concomitante, "a política" surge como nível específico e também autônomo.

A reificação implica a hegemonia absoluta do valor de troca na esfera das relações humanas gerais; o valor de uso não desaparece, mas é relegado à esfera privada, à esfera do consumo. De maneira análoga, os valores qualitativos e transindividuais são eliminados da vida política, dominada pelo egoísmo do *homo oeconomicus*, e refugiam-se na vida privada, no terreno das relações de família, de amor e de amizade. Chega-se assim a um *dualismo psíquico*, que é um aspecto de caráter típico dos indivíduos no mundo capitalista, aliás, magistralmente descrito por Brecht em *A alma boa de Setsuan**. (Posteriormente, analisaremos a relação entre reificação e literatura.)

Dito isso, a reificação encontra certos obstáculos no interior do capitalismo:

a) as crises econômicas, resultantes da contradição entre o valor de uso e o valor de troca das mercadorias. A defasagem entre os bens (valor de uso) oferecidos no mercado e a demanda solvível capaz de realizar seu valor de troca gera a crise de superprodução que, somente após 1933, graças à intervenção maciça do Estado na economia, pôde ser relativamente controlada;

b) a resistência do proletariado que, por sua própria condição objetiva, tende a se rebelar contra a reificação. Entre o proletariado, a mercadoria "força de trabalho" torna-se consciente e revolta-se contra a reificação capitalista ou, ao menos, contra algumas de suas manifestações concretas. A classe operária é, portanto, uma "mercadoria" composta por seres humanos *potencialmente refratários* a uma ordem econômica e social que quer reduzi-los à condição de "coisas" inertes.

> [O proletariado] não tem fortuna para fazer frutificar, não tem situação social privilegiada para defender; para ele, os objetos não são "mercadorias", porque as vê unicamente pelo lado do consumidor, no qual elas mantêm toda a sua riqueza e

---

* Bertolt Brecht, *A alma boa de Setsuan*, em *Teatro completo* (trad. Christine Röhrig e Erlon José Paschoal, Rio de Janeiro, Paz e Terra, 1992, v. 7). (N. T.)

suas verdades concretas; para ele, os homens não perdem suas qualidades vivas na abstração geral de "compradores", porque não tem nada para lhes vender e, o que é mais importante, ele faz parte da única categoria social em que os homens, mesmo para defenderem seus interesses mais imediatos, devem se unir e não se opor uns aos outros. A *solidariedade* tem uma importância tão grande para a vida social e para o pensamento dos operários quanto o *egoísmo* e a *concorrência* para os burgueses e para as camadas médias [...]. É assim que, por sua condição social, ainda que com muito menos cultura e muito menos conhecimentos do que os intelectuais burgueses, o proletariado encontra-se na sociedade capitalista clássica isolado em uma situação de conjunto que lhe permite rejeitar a reificação e dar a todos os problemas espirituais seu verdadeiro caráter humano.[11]

Eis por que foi precisamente no seio da classe operária (e dos intelectuais que se colocaram do ponto de vista do proletariado) que nasceu a forma mais elevada do humanismo moderno: o marxismo, negação crítico-prática, científica e revolucionária, da reificação e do capitalismo. Retornamos assim, por outro caminho, ao problema da superioridade epistemológica do ponto de vista proletário, que analisamos no âmbito da relação sujeito–objeto nas ciências humanas. Isso nos mostra a notável coerência interna do sistema teórico de Goldmann, para além da aparência fragmentária e dispersa de seus escritos.

Portanto, o proletariado é a classe cuja condição objetiva lhe *permite* resistir à reificação, cuja consciência tem a *possibilidade* objetiva de ultrapassar as categorias do pensamento burguês, cujo ponto de vista de classe é *capaz* de conhecer mais objetivamente a realidade social. Em outras palavras, é a classe cuja *consciência possível* está mais próxima da verdade.

A expressão "consciência possível" é a tradução de Goldmann para o conceito de *Zugerechnetes Bewusstsein* (literalmente, "consciência adjudicada" ou "consciência atribuída"), definido por Lukács em *História e consciência de classe* como a consciência que corresponde racionalmente à posição de uma classe no processo de produção. Goldmann desenvolve e enriquece esse conceito ao demonstrar que ele constitui o máximo de consciência possível de uma classe, o limite que sua consciência da realidade não pode ultrapassar, o horizonte de seu "campo de visibilidade" social.

---

[11] Lucien Goldmann, *Recherches dialectiques*, p. 96-7.

Toda análise do pensamento e do comportamento passado, presente e futuro de uma classe social deve partir, então, da distinção fundamental entre a *consciência possível* e a *consciência real*; distinção à qual Marx se refere na famosa passagem de *A sagrada família** em que ele explica que não se deve confundir o que pensa em determinado momento esse ou aquele proletário, ou mesmo o proletariado em seu conjunto, com a verdadeira consciência de classe, que corresponde a seus interesses reais: a consciência da missão histórica do proletariado. A visão real de uma classe, tal como ela se apresenta em determinada conjuntura concreta, é resultado de um certo número de variáveis que podem mudar ou desaparecer com a transformação da conjuntura. Em contrapartida, a consciência possível, latente, está ligada à *própria natureza* da classe social, à sua existência enquanto tal, e não pode se modificar ou desaparecer sem que a própria classe se modifique fundamentalmente ou desapareça. A consciência real pode se distanciar da consciência possível, sofrer a influência da ideologia de outras classes ou então se aproximar delas, sobretudo em situações de crise. É evidente que a relação entre as duas formas da consciência varia de acordo com as classes sociais e no interior de cada classe.

Por outro lado, a categoria de consciência possível nos permite uma compreensão mais precisa da estrutura interna de um sistema de pensamento; por exemplo, na obra de Saint-Simon, podemos identificar dois erros importantes, duas "mancadas" que são a prova de certos limites de seu campo de visibilidade teórica: 1) ele jamais viu a possibilidade de um conflito real entre o proletariado e a burguesia, e 2) ele acreditou na possibilidade de uma aliança duradoura entre os Bourbons e os industriais. O primeiro erro é resultado dos limites da consciência possível burguesa, mesmo que revolucionária e humanista. O segundo, em contrapartida, é muito mais circunstancial e ligado a uma conjuntura histórica determinada ou a uma limitação pessoal do pensador.

Considerar a consciência possível é necessário não só para o pensamento sociológico, mas também para a *prática política*: quando Lenin, em 1917, para indignação de Rosa Luxemburgo e de outros socialistas ocidentais, preconizou a

---

* Karl Marx e Friedrich Engels, *A sagrada família* (trad. e notas de Marcelo Backes, São Paulo, Boitempo, 2003). (N. E.)

distribuição de terras para os camponeses, o que parecia contrário a qualquer programa socialista, ele simplesmente levou em conta o fato de que a coletivização agrícola ultrapassava a consciência possível dos camponeses em uma sociedade não socialista.

O conceito de consciência possível é específico das ciências humanas. Na física ou na química, o cientista trabalha apenas com dois níveis do conhecimento: a norma ideal (a adequação do pensamento às coisas) e os conhecimentos reais de seu tempo, cujo valor depende da aproximação ou do distanciamento da norma. O sociólogo e o historiador, ao contrário, têm de levar em conta um nível intermediário entre esses dois pólos, um nível que não é idêntico nem à verdade objetiva nem ao estado real do pensamento em um dado momento: o máximo de consciência possível de cada classe social. Um dos erros principais da sociologia burguesa é precisamente a ignorância desse nível e o estudo exclusivo da consciência real por meio de questionários, enquetes, pesquisas de opinião pública etc.

3. Crítica da sociologia burguesa

Para Goldmann, os erros e as fragilidades da sociologia burguesa não são produto de deficiências pessoais de certos sociólogos, mas do ponto de vista de classe que limita sua visibilidade da realidade social. O primeiro desses limites é precisamente a pretensão (ou a ilusão) positivista da neutralidade científica, que os leva a ignorar ou a esconder (de si mesmo ou dos outros) a determinação social de sua ciência e as implicações ideológicas de suas pesquisas.

Na realidade, a ideologia que impregna a sociologia institucional e acadêmica caracteriza-se, direta ou indiretamente, sob formas e graus os mais variados, pelo *conservadorismo*, pela aceitação apologética do *status quo*. É o caso de Durkheim, quando define o fato social pela coerção e pelo amor das instituições que "nos reprimem e nos beneficiam com seu funcionamento e com essa própria coerção"[12]. Ou o de René Konig, professor de sociologia nas universidades de Zurique e Colônia, quando define a sociologia como "um

---

[12] Émile Durkheim, *Les règles de la méthode sociologique*, p. xxi. [Ed. bras.: *As regras do método sociológico*, 3. ed., São Paulo, Martins Fontes, 2007.]

elemento do processo de autodomesticação social da humanidade"[13]! Da mesma forma o faz Nils Anderson, que salienta com satisfação que "a maior parte dos pesquisadores [sociólogos] se deixa levar por intenções íntegras [*sauber*]. Tornaram-se conselheiros competentes de sociedades anônimas, partidos políticos, associações de caridade ou administrações públicas"[14].

Esse conservadorismo se expressa no nível metodológico por:

1. Um empirismo superficial e descritivo, que "cola" no *dado*, na situação presente, sem considerar as virtualidades, as possibilidades objetivas, em suma, sem introduzir a dimensão do futuro histórico. Essa é a razão por que a sociologia burguesa ignora a consciência possível, que não é percebida por questionários e pesquisas Gallup: uma enquete sobre a monarquia, em janeiro de 1789, entre os camponeses franceses ou os artesãos do bairro periférico de Saint-Antoine, e outra sobre o futuro da Rússia, em janeiro de 1917, entre os camponeses russos ou os operários de Petrogrado, teriam apresentado resultados inteiramente diferentes dos de uma pesquisa análoga, feita doze meses depois...

2. Uma visão estreita, quantitativa e parcelar de fatos isolados, minuciosamente condensados pelas enquetes, monografias, estatísticas, microssociologia, sociometria etc., de acordo com um procedimento tipicamente científico-naturalista. Sem negar a utilidade (limitada) dessas pesquisas, Goldmann salienta a ausência da categoria da totalidade, a tendência a dissociar os fatos parciais de seu contexto global, a estudar uma fábrica, um povoado ou uma escola sem examinar suas relações com a estrutura de conjunto da sociedade, com as classes sociais, com o Estado etc. Se, para Lukács, "o reino da categoria da totalidade é o portador do princípio revolucionário na ciência"[15], pode-se dizer que, para a sociologia burguesa, o reino do fato empírico isolado é o portador do princípio conservador na ciência...

3. Uma abordagem estática, formalista e anistórica dos fatos sociais (sobretudo na sociologia após 1920), que impede a compreensão do conteúdo con-

---

[13] René Konig, *Soziologie heute* (Regio Verlag, Zurique), p. 121.

[14] Nils Anderson, *Soziale Weit*, I, 3 abr. 1950, p. 68. Ao citá-lo, Goldmann se interroga preocupado sobre a atividade dos outros sociólogos, cujas preocupações não são "íntegras"...

[15] Georg Lukács, *Histoire et conscience de classe* (Paris, Minuit, 1960), p. 48.

creto dos grandes processos sociais e históricos e orienta a pesquisa para os problemas da *psicologia interindividual*: distância social, integração, aproximação e distanciamento psíquico etc. Mais uma vez, é o professor Konig que nos fornece o sentido ideológico desse procedimento metodológico: "Da mesma maneira, *tira-se o problema da crise de seu contexto histórico-filosófico*, concretiza-se e reduz-se o problema a fenômenos individuais e a situações individuais precisamente delineadas. O infinitesimal decisivo que encontraremos no final de nossas elaborações será o fenômeno da adaptação (respectivamente, a falsa ou a não-adaptação)"[16]. Trata-se, na verdade, do método mais útil para uma sociologia que não quer mais compreender, mas "domesticar"...

Outras correntes mais modernas vão além da psicologia social, mas levam ou a um estruturalismo anistórico voltado para o estudo das estruturas mais gerais do pensamento, presentes em todas as formas sociais e indiferentes às mudanças históricas (Lévi-Strauss), ou a um funcionalismo que somente se interessa pelo caráter conservador de qualquer instituição no interior de uma determinada sociedade (sua "funcionalidade") e que tende a ignorar as contradições e as transformações sociais. Nos dois casos, o método implica *a exclusão de qualquer dimensão histórica* das estruturas sociais.

Poderíamos comparar as críticas de Goldmann ao anistoricismo da sociologia burguesa com as que Marx faz ao naturalismo eterno da economia política clássica: os fundamentos sociais desses dois fenômenos de ocultação ideológica são semelhantes.

4. Uma tendência obstinada a ignorar as classes sociais, a subestimar seu papel histórico, a submergi-las no "pluralismo inextricável" (Gurvitch) da estrutura social, ou em substituí-las pelo estudo das camadas sociais classificadas em função de critérios periféricos (padrão de vida etc.). Nesse caso, um exemplo típico é o estudo "objetivo" e "sem preconceitos" (*Voraussetzungslos*) da população industrial, realizado pelo sociólogo alemão W. Brepohl, para quem as estruturas sociais contêm os seguintes elementos: "a família, a *gens**, a comu-

---

[16] Citado por Goldmann em *Sciences humaines et philosophie*, p. 32.

* Palavra latina que, em sua origem, caracterizava uma determinada divisão das tribos indígenas e cujo estudo, realizado por Lewis H. Morgan (*Ancient Society or Researches in the Lines of Human Progress from Savagery through Barbarism to Civilization*,

nidade de empresa, a municipalidade, o grupo religioso, os grandes espaços: país e povo"[17]. As classes sociais, esse elemento inquietante do campo social, são pura e simplesmente excluídas da análise sociológica...

No que diz respeito aos adeptos de Freud: o debate entre o marxismo e a psicanálise já é antigo. Sabe-se que durante vários anos, em conseqüência da dominação do dogmatismo stalinista sobre o marxismo, a psicanálise era relegada à ordem das invenções "pequeno-burguesas" e "contra-revolucionárias". Com exceção, na França, dos trabalhos de George Politzer, especialmente em sua *Critique des fondements de la psychologie**, os teóricos marxistas "oficiais", ocupados em defender a química "proletária" ou a física "de classe" segundo as prescrições de Stalin-Lyssenko, perderam totalmente o interesse pela revolução teórica freudiana. Foi a época da grande noite do marxismo.

Goldmann foi indubitavelmente um dos primeiros pensadores marxistas na França que *pensou* seriamente a relação Marx–Freud. Pensou-a fundamentalmente sob o ângulo metodológico.

Na maior parte de seus escritos, ele se dedica a identificar o que une e o que separa o marxismo do freudismo. Ao lado de Hegel e de Marx, Freud tem um lugar importante na elaboração do estruturalismo genético. Escreve Goldmann:

> Parece-nos evidente que seu pensamento [o de Freud] é a primeira elaboração rigorosa de um estruturalismo genético na psicologia individual [...]. Criou-se, assim, na psicologia, uma situação análoga à que se produziu na história; ao lado de uma

---

Londres, Macmillan, 1877), possibilitou a compreensão de outras formas de organização social, como a grega e romana, na sociedade antiga. Nos prefácios das edições de *Origem da família, da propriedade privada e do Estado*, Engels salienta a importância do trabalho de Morgan; no prefácio da 4ª edição, de 1891, afirma que "a descoberta da primitiva *gens* de direito materno, como etapa anterior à *gens* de direito paterno dos povos civilizados, tem, para a história primitiva, a mesma importância que a teoria da evolução de Darwin para a biologia e a teoria da mais-valia, enunciada por Marx, para a economia política" (Friedrich Engels, *Origem da família, da propriedade privada e do Estado*, trad. de Leandro Konder, Rio de Janeiro, Vitória, 1964). Usada em outros contextos, a palavra *gens* designa grupos de famílias cujos chefes (paternos ou maternos) são descendentes do mesmo ancestral. (N. T.)

[17] W. Brepohl, "Industrielle Volskunde", *Soziale Welt*, jan. 1951, p. 123.

* Georges Politzer, *Crítica dos fundamentos da psicologia* (2. ed., Lisboa, Presença, 1975). (N. E.)

ciência oficial que apreendia apenas certos aspectos abstratos dos fenômenos, em virtude de sua perspectiva atomista, desenvolveu-se, fora do mundo universitário, uma metodologia estruturalista e genética que abriu uma via para a compreensão concreta dos fenômenos humanos enquanto estruturas significativas e dinâmicas.[18]

Isso não quer dizer que a conduta de Freud e de Marx seja idêntica. Goldmann salienta ainda a *diferença* que opõe irredutivelmente Freud a Marx. Essa diferença é uma ausência: na argumentação freudiana falta, de fato, a categoria do *futuro*. Para Goldmann, a teoria marxista implica que todo fato humano, inclusive as doenças psíquicas, somente pode ser compreendido como *estado concreto de tensão* entre as forças de equilíbrio dinâmico voltadas para o futuro e o seu bloqueio por forças contrárias que impedem esse desenvolvimento. Ora, ao contrário de Hegel e de Marx, Freud enfatiza essencialmente as forças de bloqueio, mas raramente as forças de equilíbrio. É por isso que, ressalta Goldmann, "na medida em que a psicanálise quer nos dar uma visão global do homem, a ausência da dimensão do futuro aparece como uma inconseqüência nesse importante acontecimento científico e cultural que foi a revolução freudiana"[19].

Da mesma maneira, a transposição da metodologia psicanalítica do domínio individual para o domínio coletivo parece, na realidade, muito aleatória. Para Goldmann, a psicanálise freudiana pode dar conta (parcialmente, é verdade) do indivíduo na sociedade, mas não do comportamento dos grupos sociais ou das classes. Nesse sentido, ela é limitada por seu próprio status. Sendo a sociedade composta por uma multiplicidade de indivíduos particulares, cada indivíduo pertence, ainda assim, a um conjunto maior ou menor de estruturas, de "totalidades relativas", e tem, no seio dessas totalidades, um significado preciso. A psicanálise não pode apreender *ao mesmo tempo* o grupo e o indivíduo. Se aprende o grupo, "esquematiza" obrigatoriamente o indivíduo e, se aprende o indivíduo, não pode alcançar o grupo; do contrário, apagaria as diferenças entre os indivíduos. Na verdade, a psicanálise freudiana tem uma função *redutiva*: reduz o comportamento humano ao sujeito individual que está analisando e a uma forma manifesta ou sublimada do desejo do objeto. O estruturalismo genético, ao contrário, separa os comportamentos da libido dos comportamentos de

---

[18] Lucien Goldmann, *Marxisme et sciences humaines*, p. 24.
[19] Ibidem, p. 25-6.

caráter histórico, que são determinados por um sujeito transindividual (o grupo social, a classe) que se orienta para o objeto apenas pela mediação da coerência.

Enfim, última oposição: o status da compreensão e da explicação é diferente na psicanálise. Nela, não há, especificamente, distinção entre compreensão e explicação, na medida em que o procedimento freudiano remete sempre a uma mesma estrutura de referência: o *inconsciente*, que é sempre individual. "Não existe interpretação *imanente* de um sonho ou do delírio de um alienado, provavelmente pela simples razão de que a consciência não tem nem sequer autonomia relativa no plano da *libido*, isto é, do comportamento de sujeito individual orientado diretamente para a posse do objeto", escreve Goldmann[20].

Além dessas oposições entre marxismo e psicanálise, Goldmann salienta seus elementos comuns. Em ambos, permanece a tese metodológica central segundo a qual todo comportamento humano tem um caráter significativo e faz parte de uma estrutura significativa. Em ambos, permanece a afirmação de que a compreensão de todo comportamento humano passa por sua inserção na estrutura significativa. Em ambos, o status dessa compreensão é submetido ao princípio de sua gênese, individual para a psicanálise (o passado, a infância), histórica para o marxismo (o passado, o presente, o futuro).

Segundo Goldmann, esses pontos comuns de conexão fazem da psicanálise um estruturalismo genético próximo do marxismo. E que este deve abranger.

4. A sociologia da cultura

O terreno privilegiado de aplicação do método marxista nas ciências humanas era, para Goldmann, a sociologia da cultura, que foi o eixo central de suas principais obras. A criação cultural, como todo fenômeno histórico, somente pode ser compreendida e explicada em relação a um *sujeito transindividual*, e particularmente em relação às classes sociais. De fato, as grandes obras culturais, filosóficas, religiosas, literárias e artísticas são sempre a expressão de uma *visão do mundo* que corresponde à *consciência possível* de uma classe social. A psicanálise, a psicologia e a biografia individuais do criador não podem explicar o significado

---

[20] Ibidem, p. 63.

propriamente cultural (estético, filosófico etc.) da obra. Isso não significa negar o papel e a importância do indivíduo criador, mas simplesmente salientar que o que faz a grandeza do gênio é precisamente sua capacidade de expressar os valores espirituais de um grupo social em um nível universal.

A *visão do mundo* de uma classe social é a expressão de seu máximo de consciência possível (e não de sua consciência coletiva real); um ponto de vista *coerente* e *unitário* sobre o conjunto da realidade – uma totalidade complexa e estruturada de aspirações, sentimentos, idéias e conhecimentos que reúne os membros de uma classe e os opõe aos outros; uma comunidade de pensamentos e de ações que corresponde (*Zugerechnet*) a um grupo de homens que se encontram na mesma situação econômica e social. Existe um número limitado de *tipos* de visões do mundo que podem surgir nos períodos históricos mais distantes e sob as formas e as combinações mais diversas; o racionalismo, o empirismo, o panteísmo, o misticismo intuicionista, o individualismo, o existencialismo, a visão trágica, a visão dialética (idealista ou materialista) etc. Uma das tarefas mais importantes para uma sociologia marxista da cultura seria precisamente a elaboração de uma tipologia rigorosa das visões do mundo. Também seria preciso explicar, por meio do materialismo histórico, o "renascimento" de uma visão do mundo em um contexto inteiramente diferente de seu quadro social original, por exemplo: o individualismo em suas diferentes formas (estoicismo, epicurismo e ceticismo), que surgiu na Grécia antiga para "renascer" como visão da burguesia em expansão dos séculos XVI ao XVIII. Isso decorre do fato de o número de visões do mundo possíveis ser muito mais reduzido que o das classes sociais e suas situações históricas concretas. Segue-se que uma mesma visão do mundo pode expressar forças sociais e históricas não só diferentes, mas até, sobre determinados aspectos, contraditórias: o racionalismo aristocrático de Platão não se tornaria mais tarde, em Galileu e Descartes, uma das principais armas ideológicas de um *Tiers État* [Terceiro Estado] oposto à aristocracia?

As visões do mundo manifestam-se por certas *formas* que constituem sua expressão coerente e adequada – ao mesmo tempo individual e social – no plano do *comportamento* (por exemplo, um partido político), do *conceito* (um sistema filosófico) ou da *imaginação* (um obra literária). Essas duas últimas formas constituem o objeto da sociologia da cultura.

Conseqüentemente, não é de se espantar que quase sempre encontremos na história da cultura uma notável homologia entre as grandes correntes filosóficas e as grandes criações literárias, entre os universos imaginários criados por escritores e os sistemas conceituais elaborados por filósofos, por exemplo: Pascal e Racine, Gassendi e Molière, Kant e Schiller, Schelling e os românticos, Goethe e Hegel, Kafka e Sartre etc. É evidente que a forma de expressão da mesma visão do mundo é inteiramente diferente conforme se trate de imagens individuais ou de conceitos universais: "Não há 'a morte' em *Fedra**, nem 'o mal' em *Fausto*** de Goethe, mas apenas Fedra agonizante, assim como a personagem estritamente individualizada de Mefistófeles. Inversamente, não há personagens individuais nem em Pascal nem em Hegel, mas apenas 'o mal' e 'a morte'"[21].

O grande filósofo é um pensador que, pela primeira vez, consegue cristalizar no plano conceitual os elementos esparsos de uma visão do mundo e fazer deles um conjunto rigorosamente coerente. A obra filosófica nem sempre atinge essa coerência máxima, em virtude de inconseqüências individuais do pensador, que se devem à sobrevivência de elementos de antigas ideologias – por exemplo, a crença de Descartes em um Deus transcendental, em contradição com o individualismo racionalista de seu sistema – ou a concessões aos poderes estabelecidos (Igreja, Estado).

Enquanto obra conceitual, um sistema filosófico pode e deve ser julgado no plano do conceito e de sua adequação à verdade. Mas enquanto expressão global de uma visão do mundo, filosofias "falsas" podem ter certo valor graças a sua coerência interna e ao fato de representarem certa maneira de pensar e de sentir a vida e o universo e, por isso mesmo, um dos aspectos essenciais da realidade humana.

Uma grande obra literária, ao contrário, constitui um universo não conceitual de seres "concretos", "vivos" (reais ou virtuais), cujo valor estético é determinado por uma tensão superada entre a extrema *unidade* e a extrema *riqueza*,

---

* Jean Racine, *Fedra* (trad. Millôr Fernandes, Porto Alegre, L&PM, 2001). (N. T.)
** Johann Wolfgang von Goethe, *Fausto* (trad. Jenny Klabin Segall, São Paulo, Editora 34, 2004). (N. T.)
[21] Lucien Goldmann, *Marxisme et sciences humaines*, p. 90.

entre a coerência da estrutura e a multiplicidade do universo imaginário. Essa definição da dimensão estética da obra já se encontra em Kant; foi aperfeiçoada por Hegel, que salienta o caráter histórico dessa unidade e, em seguida, por Marx e pelos marxistas, que substituem a historicidade hegeliana, puramente espiritual, pela história real da estrutura social e da práxis das classes.

Isso quer dizer que, para a sociologia estruturalista genética (marxista) da literatura, a explicação histórico-social não suprime de modo algum a especificidade estética irredutível da obra; é por isso[22] que podem existir autênticas obras de arte, como, por exemplo, os poemas de Rilke ou de Novalis, que expressam visões do mundo místicas e/ou reacionárias; é por isso também que as grandes obras literárias podem manter seu valor "eternamente", mesmo que sejam mais ou menos lidas e amadas, ou compreendidas de maneira diferente, conforme o período histórico e as classes sociais.

Portanto, não há nenhuma contradição entre o caráter individual, pessoal, da obra literária e seu significado social como forma de expressão de uma visão do mundo: o escritor genial é precisamente aquele cuja sensibilidade coincide com um grande movimento social e histórico, aquele que, para falar de seus problemas mais concretos e imediatos, coloca implicitamente os problemas mais gerais de sua época e de sua classe e para quem, inversamente, os problemas essenciais de sua época e de seu grupo social não são convicções abstratas, mas realidades que se expressam de maneira imediata e viva em seus sentimentos e intuições.

> Portanto, longe de opor indivíduo e sociedade, valores espirituais e vida social, a realidade é exatamente oposta. É em suas formas mais altas, quando a vida social atinge seu máximo de intensidade e de força criadora, quando o indivíduo atinge o ápice do gênio criador, que um e outro se confundem, tanto no campo literário como nos campos filosófico, religioso e político.[23]

De fato, como separar o Racine ou o Pascal de Port-Royal, o Goethe da Revolução Francesa, o Lukács de *História e consciência de classe* da Revolução de 1917?

---

[22] Idem, *Recherches dialectiques*, p. 57.
[23] Ibidem, p. 51.

O trabalho científico da sociologia estruturalista genética da cultura consiste assim em duas tarefas relacionadas e complementares:

1. Descobrir o que dá unidade à obra, ou seja, sua *estrutura significativa*. A estrutura significativa de uma narrativa filosófica ou literária é o conjunto de relações necessárias entre os diferentes elementos que a constituem (assim como entre o conteúdo e a forma), de modo que é impossível estudar de maneira válida uma parte ou um aspecto da obra fora dessa totalidade, desse eixo central que sozinho determina a natureza, o significado e a *necessidade* de cada elemento. Aliás, a interdependência dos elementos constitutivos de uma obra apenas expressa, em seu próprio terreno, a interdependência, no interior de uma visão do mundo, das respostas aos diferentes problemas fundamentais colocados pela vida social em um período histórico dado[24].

Tal análise se opõe radicalmente ao estruturalismo de inspiração lingüística que invade cada vez mais os estudos literários. Se aceitarmos a distinção de Saussurre entre *língua* e *palavra*, é impossível estender ao estudo da segunda os métodos válidos quando se trata da primeira. A diferença principal entre as duas formas reside no caráter necessariamente *não significativo* da língua e *significativo* da palavra. Nenhuma língua poderia ter, por definição, *um* significado global, precisamente porque sua razão de ser, sua função, é permitir a expressão de *todos* os significados. Uma língua não poderia ser nem pessimista nem otimista, pois deve permitir a expressão tanto da alegria como do desespero[25], tanto as idéias de Marx como as de Bismarck... Para Goldmann, a lingüística é o estudo dos sistemas de *meios* que permitem exprimir os significados e não o estudo desses mesmos significados. Ora, como os textos literários são, por excelência, *feitos de palavras* e não de estruturas da língua, nenhum estudo inspirado no estruturalismo lingüístico poderia esclarecer sua estrutura significativa. No entanto, o método lingüístico pode ter certa utilidade para o estudo da obra, na medida em que está *integrado* a uma análise da estrutura significativa e a toma como fio condutor[26]. Um exemplo dessa integração é o estudo de Goldmann sobre a peça *Os negros**, de

---

[24] Ibidem, p. 107-8.
[25] Cf. Lucien Goldmann, *Structures mentales et création culturelle*, p. xv-xvii.
[26] Ibidem, p. xv-xvi.
* Jean Genet, *Os negros* (Rio de Janeiro, 7 Letras, 1998). (N. T.)

Genet, em que ele tenta, com a ajuda da análise da estrutura formal das réplicas, extrair aquilo que chama de *microestruturas* e, a partir daí, encontrar o significado global da peça. Em todo caso, de modo algum esse procedimento coloca em questão a primazia do *universo* sobre a expressão, da estrutura global sobre as estruturas parciais.

2. Inserir a estrutura significativa da obra em estruturas mais amplas, das quais ela é elemento parcial: as estruturas mentais, as visões do mundo das classes sociais e, em última instância, a estrutura socioeconômica de um período histórico dado.

A relação entre a obra literária e o pensamento coletivo das classes sociais não é de modo algum a da identidade de conteúdo, mas a da *homologia das estruturas*. O conteúdo de uma obra, como, por exemplo, um conto de fadas, pode ser totalmente estranho, heterogêneo ou até mesmo oposto ao conteúdo da consciência coletiva (possível ou real) de um grupo social particular, ou à sua experiência empírica; o importante é que a *estrutura* de seu universo imaginário é homóloga à *estrutura mental* desse grupo (ou, pelo menos, em relação funcional com esta). Não há, portanto, nenhuma contradição entre a existência de uma relação estreita e decisiva da criação artística com a realidade social e histórica e a mais fértil imaginação criadora.

Uma sociologia dos conteúdos literários jamais poderá encontrar um vínculo entre o conteúdo das peças de Racine (dramas mitológicos gregos) e o conteúdo da consciência religiosa da nobreza de toga jansenista. A homologia aparece apenas no nível estrutural: a presença-ausência de um Deus escondido e espectador.

Uma vez descoberta a relação estrutural entre uma obra literária ou filosófica – por exemplo, Descartes, Corneille, Pascal ou Racine – e uma visão do mundo racionalista ou trágica, é preciso se perguntar sobre as condições sociais que permitiram o surgimento dessas correntes na França, no século XVII.

Essa pesquisa não é uma espécie de complemento externo que o analista da literatura ou da filosofia poderia deixar para outro pesquisador, para o sociólogo ou historiador. Ela é necessária para uma melhor compreensão do próprio conteúdo do pensamento estudado, de sua estrutura significativa, de sua unidade artística ou conceitual. A obra cultural é apenas um aspecto parcial da vida social, que só pode ser verdadeiramente compreendido e explicado se inserido na totalidade histórico-social da qual faz parte e relacionado com o sujeito histórico privilegiado: as classes sociais[27].

Graças a esse método estruturalista genético, a sociologia da cultura pode ir além das explicações habituais da história acadêmica do pensamento, baseadas no conceito de "influência". Na realidade, a influência não explica muita coisa, mas, ao contrário, demanda ser explicada. Todo escritor ou pensador encontra ao seu redor um grande número de obras literárias, morais, religiosas, filosóficas etc. que constituem tantas outras influências possíveis entre as quais ele terá de escolher. O problema que se coloca para o historiador não se limita absolutamente em saber se Kant sofreu a influência de Hume, de Pascal, de Montaigne, de Voltaire, de Locke etc.; ele precisa explicar *por que* eles sofreram precisamente tal influência e não outra, e por que *naquela época* determinada da história. Portanto, "a influência" é, em última análise, uma *escolha*, uma atividade do sujeito individual e social, e não uma recepção passiva. Essa atividade se manifesta também pelas transformações–deformações–metamorfoses a que o criador submete o pensamento no qual ele se encontra e que o influencia; por exemplo, quando falamos da influência de Aristóteles sobre o tomismo, não se trata exatamente do que Aristóteles de fato pensou e escreveu, mas de Aristóteles tal como foi escolhido e compreendido por santo Tomás[28].

A tarefa da sociologia marxista da cultura é explicar, por meio de uma análise das condições sociais e históricas, por que certa influência se exerceu sobre determinada corrente literária ou filosófica. Por exemplo, a influência de Aristóteles sobre o pensamento cristão a partir do século XIII está relacionada ao desenvolvimento das cidades, do comércio e do poder monárquico, que suscita a necessidade de um pensamento que dê mais espaço ao poder temporal, à vida temporal e, portanto, à razão.

No terreno da sociologia da literatura, um dos estudos mais sugestivos de Goldmann é o esboço sobre a relação entre o romance e as diferentes etapas do desenvolvimento do capitalismo:

---

[27] Lucien Goldmann, *Recherches dilectiques*, p. 42.
[28] Idem, *Sciences humaines et philosophie*, p. 97-8.

1. O capitalismo liberal: é possível encontrar uma homologia rigorosa entre a estrutura do mercado – em que os valores de uso, concretos e qualitativos, ganham um caráter *implícito* e atuam apenas pela *mediação* dos valores de troca – e a estrutura do romance clássico (*Dom Quixote, Wilhelm Meister, O vermelho e o negro, Madame Bovary**): a busca degradada, mediatizada (Lukács a denomina "demoníaca") de valores autênticos (implícitos) por um herói problemático, em um mundo também degradado.

2. O capitalismo de crise, a passagem da economia liberal para a economia de cartéis e de monopólios: ao desaparecimento progressivo do empreendedor individual corresponde, no plano literário, o romance da dissolução do personagem: Joyce, Kafka, Musil, *A náusea***, de Sartre, *O estrangeiro****, de Camus.

3. O capitalismo organizado e a reificação agravada: seu correspondente estrutural é o *nouveau roman* (em particular, Robbe-Grillet), com seu universo imaginário caracterizado pela auto-regulação, a autonomia e a dominação dos objetos, a passividade dos homens.

No âmbito dessa hipótese de trabalho, a consciência coletiva, que seria a mediação entre as estruturas econômicas e as manifestações literárias, não seria de uma classe, mas de uma categoria social particular: os criadores (escritores, artistas, filósofos, teólogos, homens de ação etc.) cujo pensamento e comportamento continuam dominados por valores qualitativos, e cuja obra poderia eventualmente exprimir o descontentamento afetivo, não conceitualizado, de certas camadas médias em revolta difusa contra a reificação.

A literatura moderna não poderia exprimir também a revolta do proletariado, sua oposição radical à sociedade capitalista? Em 1963, em seus escritos sobre a sociologia do romance, Goldmann tende a negar isso. Todavia, em 1966,

---

* Miguel de Cervantes, *Dom Quixote* (trad. Sérgio Molina, São Paulo, Editora 34, 2002); Johann Wolfgang von Goethe, *Os anos de aprendizado de Wilhelm Meister* (trad. Nicolino Simone Neto, São Paulo, Editora 34, 2006); Stendhal, *O vermelho e o negro* (trad. Raquel Prado, São Paulo, Cosac & Naify, 2003); Gustave de Flaubert, *Madame Bovary* (trad. Sérgio Duarte, Rio de Janeiro/São Paulo, Ediouro/Publifolha, 1998). (N. T.)

** Jean-Paul Sartre, *A náusea* (trad. Rita Braga, Rio de Janeiro, Nova Fronteira, 2006). (N. T.)

*** Albert Camus, *O estrangeiro* (trad. Valerie Rumjanek, Rio de Janeiro, Record, 1997). (N. T.)

ao estudar o teatro de Genet, descobre essa possibilidade e propõe-se questões fundamentais a propósito das implicações sociais dessa descoberta.

Os escritos de Goldmann sobre Genet nos parecem uma das mais notáveis demonstrações da precisão e da fertilidade de seu método, que lhe permitiu apreender, na obra literária, ao mesmo tempo o sintoma de um movimento subterrâneo e o sinal premonitório de uma explosão que viria a seguir: Maio de 1968. O teatro de Genet foi, para Goldmann, o barômetro que lhe permitiu predizer em 1966, com uma precisão surpreendente, a guinada histórica que iria se cristalizar dois anos depois.

Ao estudar três peças de Genet, *Les bonnes* [As criadas], *Le balcon* [O terraço] e *Os negros*, Goldmann extrai a seguinte visão do mundo:

> A justificativa da oposição radical e da luta contra essa sociedade [capitalista] em nome de valores morais, estéticos e humanos que nascem na consciência, na imaginação e na vivência a partir da rejeição do acomodamento e da opressão, e que só eles podem dar ainda um sentido à vida em uma sociedade baseada no acordo, na dominação de uma minoria, na mentira e no declínio da vida cultural.[29]

Quanto à última peça, *Os biombos**, trata-se da primeira obra no teatro de vanguarda francês que proclama a força e as possibilidades ainda intatas do homem e que põe em cena um herói não conformista e, em última instância, *positivo*.

Goldmann se pergunta, não sem um certo estranhamento:

> O fato de um escritor ter podido escrever *hoje em dia* essa peça é um simples acidente, explica-se antes de mais nada pelo desenvolvimento intelectual de Genet, ou trata-se de algo muito mais importante, do primeiro sintoma de uma guinada histórica? [...] A peça *Les paravents* é apenas um fenômeno isolado e acidental? Ou já é a primeira andorinha que anuncia a chegada da primavera, representa uma guinada na vida intelectual e social atual? Por mais importante que seja, essa pergunta é certamente prematura e ninguém saberia respondê-la atualmente.[30]

A resposta não tardou a chegar...

---

[29] Lucien Goldmann, *Structures mentales et création culturelle*.
* Jean Genet, *Os biombos* (trad. e pref. Fátima Saadi, Rio de Janeiro, 7 Letras, 1999) (N. T.)
[30] Lucien Goldmann, *Structures mentales et création culturelle*, p. 339.

IV

A SOCIOLOGIA DAS VISÕES DO MUNDO

1. Análises concretas

Antes de analisar rapidamente a tipologia das visões do mundo esboçada por Goldmann, é importante ressaltar o projeto metodológico que a subentende. Em primeiro lugar, esse projeto é nitidamente definido: consiste em realizar uma espécie de "vaivém" metodológico entre a obra, seu significado histórico e o que a tornou possível. Kant, Pascal, Racine, o racionalismo etc. são assim apreendidos, lidos e relidos, analisados e explicados nesse horizonte. Esse procedimento é relativamente novo, uma vez que a análise filosófica tradicional se limitava ou a descobrir a coerência interna de um discurso sem referência nenhuma à exterioridade (que é também interioridade) histórica, ou, no sentido oposto, a assinalar a emergência histórica desse discurso e a explicá-lo na perspectiva do desenvolvimento natural da idéia. Ou a racionalização sistemática do discurso, ou a sua projeção, de certa maneira teleguiada, na trajetória do processo da idéia na história.

Ora, Goldmann escolhe outro caminho. Dedica-se a demonstrar outra coisa. Mais precisamente, e com isso restituindo todo o seu brilho ao procedimento marxista, ele identificaria o embasamento sociológico que explica o sentido da obra na história, efetuaria a reconstituição interna do discurso analisado para extrair dele sua estrutura significativa, mostraria, às vezes, que o próprio autor não tem necessariamente consciência da visão ideológica objetiva de sua obra (sobretudo no caso das obras literárias), reportaria dialeticamente essa visão no processo histórico: em suma, efetuaria o que chama justamente de uma *socio-*

logia das visões do mundo. Isso significa que a análise filosófica da filosofia não é mais possível? Estaria ultrapassada? Seria inútil?

Longe disso. Mas Goldmann sustenta que ela é apenas parcial, só basta a si mesma, é na realidade um discurso teórico sobre outro discurso teórico, de certa maneira em segundo grau, e, portanto, não explica por que o racionalismo dominou tal período, por que a visão dialética dominou tal outro, por que o retorno imbricado, em situações históricas diferentes, da visão trágica. Em outras palavras, Goldmann quer substituir o *comentário*, reconfortante e sempre limitado a seu objeto, pela *explicação* que se enraíza no centro da história. Que outro procedimento poderia demonstrar que, por trás dos *Pensamentos**, a nobreza cortesã no século XVII tinha a mesma linguagem?

2. A visão do mundo trágica

As pesquisas de Goldmann têm por objeto a visão trágica tal como ela se expressa nas obras de Pascal e de Racine (e, em certa medida, também na de Kant), que têm como tema central *a exigência absoluta e exclusiva de realização de valores irrealizáveis*: a grandeza do homem reside em suas aspirações, e seu limite, na impossibilidade de realizá-las.

A visão trágica do século XVII é, em certo sentido, um grito de alerta contra a expansão da moral individualista e do racionalismo. Uma das características da visão racionalista do mundo é a substituição do universo habitado por Deus por um espaço infinito regido pela física mecânica, e da comunidade humana pelo *ego* individual e autônomo. É em oposição a essa concepção, representada no século XVII sobretudo por Descartes, que Pascal, em termos conceituais, e Racine, no universo imaginário do teatro, elaboraram uma visão trágica singular por seu rigor e sua coerência.

Visão que compreende e rejeita ao mesmo tempo o racionalismo científico e a vida moral que ele implica. Pascal[1] sabe que Deus não fala no espaço físico da ciência, da geometria e da razão, e queixa-se angustiado: "O silêncio eterno desses espaços infinitos me amedronta". O Deus dos jansenistas, de Pascal e de

---

* Blaise Pascal, *Pensamentos* (2. ed., São Paulo, Martins Fontes, 2005). (N. E.)
[1] Resumimos nas páginas seguintes *Le Dieu caché*, de Lucien Goldmann.

Racine é um *deus escondido*, silencioso, espectador, ausente e presente ao mesmo tempo. Essa presença–ausência *permanente* é, para os pensadores trágicos, a única presença essencial, mais importante e mais real do que todas as presenças empíricas e sensíveis do mundo concreto. É ela que, por meio de seu olhar invisível, exige uma verdade e uma justiça *absolutas*, e proíbe os compromissos, as verdades e as justiças relativas da existência humana. O *Deus absconditus* é o próprio centro da visão do mundo trágica; é ele que define as relações entre o homem e o mundo: a presença divina desvaloriza o mundo e retira-lhe qualquer realidade, qualquer valor, mas sua ausência não menos radical e não menos permanente faz do mundo, ao contrário, a única realidade diante da qual se encontra o homem. Impedido (pela presença de Deus) de aceitar o mundo e, ao mesmo tempo, pela ausência divina, de abandoná-lo inteiramente, o homem trágico se vê obrigado a uma vida de *rejeição do mundo no interior do próprio mundo*:

> Uma consciência *intramundana*, movida unicamente pela exigência de totalidade diante de um mundo fragmentado que ela necessariamente rejeita, de um mundo do qual ela faz parte e ultrapassa ao mesmo tempo, uma *transcendência imanente* e uma *imanência transcendente*, essa é a situação paradoxal, e exprimível somente por paradoxos, do homem trágico.[2]

Essa posição se distingue de todas as outras formas de consciência religiosa (ou revolucionária) que opõem Deus (ou os valores autênticos) à realidade, mas acham uma solução possível seja na luta intramundana para realizar valores, seja no abandono do mundo para se refugiar na cidade de Deus. Para o pensamento trágico radical, essas duas soluções são falsas, corrompidas pela fraqueza, pela ilusão, pelo compromisso. Sua atitude, ao mesmo tempo *coerente e paradoxal*, é a da *recusa intramundana do mundo*: "Nele viver sem dele participar e gostar"[3]. Essa recusa é *extrema* e *absoluta*: diante de Deus, todos os valores mundanos são igualmente vazios e insignificantes; mas ela se exerce *no mundo*, pois é ao mundo que ela se opõe, e é somente nessa oposição que ela pode viver. Segundo Goldmann, "a distância intransponível que separa do mundo o ser que *nele vive* exclusivamente, mas *sem dele participar*, liberta sua consciência das ilu-

---

[2] Lucien Goldmann, *Le Dieu caché*, p. 60.
[3] Pascal, *Pensamentos*, cit., fragmento 906.

sões correntes e dos entraves habituais e faz do pensamento e da arte trágicos uma das formas mais avançadas do realismo"[4].

Entre esse homem trágico, que só admite a totalidade, a clareza, o unívoco, e o mundo dos outros homens, fragmentado, ambíguo, equívoco, não há nenhuma relação, nenhum diálogo possível. Ao mesmo tempo que vive na sociedade, ele está condenado à *solidão*. O único ser a quem ele dirige seu pensamento e sua palavra é o Deus escondido e mudo. Por isso, sua única forma de expressão é o *monólogo*, ou antes, como dizia Lukács, o "diálogo solitário", de que os *Pensamentos* de Pascal são o exemplo mais perfeito.

A solidão trágica não é uma solidão desejada, buscada, como a do anacoreta ou do monge que se retira do mundo; ela resulta do rigor absoluto da consciência moral do homem trágico, de sua exigência de verdade e de justiça absolutas, de sua recusa a qualquer compromisso, diante de um mundo incapaz de ouvir a voz silenciosa do Eterno. Suas relações com os outros homens também são paradoxais: por um lado, o homem trágico espera salvá-los, elevá-los a seu próprio nível; por outro, ele toma consciência do abismo que o separa deles e aceita e confirma esse abismo, abandonando-os à sua inconsciência.

Esse duplo caráter contraditório, mas coerente, encontra-se também na concepção trágica da condição humana:

> Pequeno e miserável por sua incapacidade de atingir valores reais, de encontrar uma verdade rigorosa, de realizar uma justiça verdadeiramente justa, o homem é grande por sua consciência, que lhe permite descobrir todas as insuficiências, todas as limitações dos seres e das possibilidades intramundanas, de jamais se contentar com nenhuma delas, de jamais aceitar nenhum compromisso.[5]

Assim, para o pensamento trágico, e particularmente para Pascal, a condição autêntica do homem é de querer superar o homem, de procurar o Deus escondido, engajando toda a sua existência nessa busca. No entanto, Pascal leva a idéia do Deus que se oculta à sua forma mais extrema: a divindade esconde não só sua vontade, mas sua própria *existência*. Para o autor de *Pensamentos*, essa existência é apenas uma certeza incerta e paradoxal, baseada em uma *aposta*. Em outras palavras: a existência ou a não-existência de Deus é uma verdade

---

[4] Lucien Goldmann, *Le Dieu caché*, p. 66.
[5] Ibidem, p. 89.

radicalmente escondida, que nenhuma teoria ou ciência pode demonstrar ou negar. A única solução que satisfaz tanto a razão quanto o coração é apostar em Deus e "tirar cara", porque a felicidade *infinita* que se pode ganhar é (matematicamente) incomparável ao prazer *finito* a que nos arriscamos.

É aqui, nesse ponto crucial, que a visão do mundo trágica se separa mais radicalmente do racionalismo e do empirismo. Os julgamentos no indicativo, os únicos que a ciência racional ou empírica conhece, não permitem afirmar o certo ou o errado da aposta, que é por definição *indemonstrável*, incognoscível. A aposta trágica é a fé em um Deus absolutamente certo e absolutamente incerto, fé que se distingue tanto da certeza dogmática como da dúvida cética. Por outro lado, o empirismo e o racionalismo conhecem apenas valores individuais: o prazer sensível dos neo-hedonistas ou a verdade racional do Ego cartesiano; em contrapartida, a aposta trágica, que sente cruelmente os limites do indivíduo, é dirigida exatamente para valores *transindividuais*, que integram e ultrapassam os sentidos e a razão.

Então, Goldmann salienta que a "aposta" de Pascal é um momento fundamental, uma guinada na história do pensamento moderno: a passagem dos individualistas-racionalistas e dogmáticos – ou empiristas e céticos – para o pensamento trágico enquanto etapa intermediária no caminho que leva ao *pensamento dialético*.

De fato, a visão do mundo dialética em Marx e Lukács é baseada, ela também, em uma *aposta* num valor transindividual: o futuro histórico e a comunidade humana – aposta que comporta, como a de Pascal, *risco, possibilidade de fracasso, esperança de êxito*. Da mesma maneira, os pensadores dialéticos sabem também que seu ponto de vista não é comprovável exclusivamente no plano da ciência objetiva.

> Seria tão absurdo para Pascal e Kant afirmar ou negar a existência de Deus em nome de um julgamento de fato como para Marx afirmar ou negar em nome de tal julgamento o progresso e a marcha da história rumo ao socialismo. As duas afirmações se apóiam em um ato do coração (para Pascal) ou da razão (para Kant e Marx), que ultrapassa e integra, ao mesmo tempo, o teórico e o prático no que denominamos um ato de fé.[6]

---

[6] Ibidem, p. 102.

Obviamente, a diferença fundamental é o caráter *imanente*, materialista e histórico-social do objeto da aposta dialética (o socialismo), que é sobretudo uma aposta no *futuro* – dimensão totalmente ausente no pensamento trágico, que conhece apenas o *presente* e a *eternidade*.

A visão trágica elaborada em termos conceituais nos paradoxos rigorosos e coerentes dos *Pensamentos* encontra outra forma de expressão no universo imaginário do teatro de Racine. A estrutura significativa das tragédias de Racine é a de um *conflito essencialmente insolúvel*, resultante da contradição entre um *mundo* que conhece apenas o relativo, o compromisso, e um *herói* cujo universo espiritual é dominado pela exigência de *valores absolutos*, de totalidade: universo regido pela lei do tudo ou nada, a lei irredutível do *Deus absconditus*, sempre ausente e sempre presente, duro e implacável, que não conhece nem perdão nem indulgência.

A totalidade unívoca e paradoxal que exige esse Deus de Racine é a da união dos opostos: a vida do filho e a fidelidade ao marido morto, para Andrômaca; a vida de Britânico e a união com ele, para Júnia; a lei do Estado e a união com Berenice, para Tito; o amor e a glória, para Fedra. Essa dupla exigência toma muitas vezes a forma de um Deus desdobrado: Astíanax e o fantasma de Heitor, o povo romano e o amor, Sol e Vênus. O personagem trágico é, portanto, um herói dividido, atormentado, cuja natureza contraditória é maravilhosamente expressa no célebre verso que apresenta Fedra como "a filha de Minos e de Pasífae": dificilmente poderíamos imaginar uma definição mais precisa do herói trágico, personagem paradoxal que reúne em uma única pessoa não só o inferno e o céu, mas também o que no céu é pecado e o que no inferno é justiça... O tema central da tragédia é a oposição radical entre um mundo de seres sem consciência autêntica e sem grandeza humana, que vivem no compromisso, que são dominados pela paixão ou pela ambição (Hipólito e Teseu em *Fedra*; Orestes, Hermione e Pirro em *Andrômaca*; Nero, Agripina e Narciso em *Britânico*[*] etc.), e esse personagem trágico, cuja grandeza consiste precisamente na *recusa* desse mundo e da vida.

---

[*] Jean Racine, *Fedra*, cit., *Andrômaca, Britânico* (trad. Jenny Klabin Segall, 2. ed., São Paulo, Martins Fontes, 2005). (N. T.)

A partir dessa matriz comum, podemos distinguir dois tipos de tragédias em Racine:

a) as peças sobre a lucidez imediata, em que o herói sabe claramente, *desde o início*, que nenhuma conciliação é possível com um mundo sem autenticidade, ao qual opõe, sem a menor falha ou ilusão, a grandeza de sua recusa. *Andrômaca* aproxima-se muito desse tipo, *Britânico* e *Bérénice** realizam-no, com a diferença de que, na primeira peça, o mundo corrompido dos "selvagens" e dos "fantoches" é o centro da ação, enquanto na segunda é a própria personagem trágica que domina a cena;

b) as peças da tragédia do destino, com "peripécia" (acontecimento que leva à crise a partir da qual se dá o desenlace) e "reconhecimento" (tomada de consciência): no início, o personagem trágico crê poder viver sem compromissos, impondo ao mundo suas exigências, mas acaba se tornando consciente de sua ilusão e da impossibilidade de uma vida autêntica. *Bajazet* e *Mithridate* [Mitrídates] são uma primeira tentativa desse tipo, *Ifigênia*** aproxima-se dele, mas é somente *Fedra* que constitui a realização plena e coerente desse gênero.

Da mesma maneira que o homem trágico de Pascal, o herói do teatro raciniano, situado a igual distância de Deus e do mundo, é *radicalmente sozinho*: ele não tem uma linguagem comum com os homens do mundo e não pode dialogar com um Deus que é *mudo*. Como construir uma peça com diálogos para narrar essa *solidão absoluta*? Racine utilizou três elementos cênicos para resolver esse problema:

a) os diálogos intramundanos: Pirro–Orestes, Orestes–Hermione, Nero–Britânico, Nero–Agripina;

b) os pseudodiálogos entre o personagem trágico e algum personagem do mundo: Andrômaca–Pirro, Júnia–Nero etc., que se caracterizam pela *incongruência*, pela *incompreensão radical*;

c) o diálogo paradoxal do herói com a divindade, o único autêntico e significativo, mas dirigido a um interlocutor silencioso, que jamais responde nem é

---

* Idem, *Berenice* (trad. Vasco Graça Moura, Lisboa, Bertrand, 2005). (N. E.)
** Idem, *Fedra*; *Ifigênia*; *Tebaida ou os irmãos inimigos* (trad., pref. e notas Ivo Bender, Porto Alegre, Mercado Aberto, 1999). (N. T.)

certo que o ouça. O monólogo do herói raciniano é, como os *Pensamentos* de Pascal, um "diálogo solitário".

Daí também a ausência, em Racine, do *coração*, que é tradicionalmente a voz da *comunidade humana* e, por isso mesmo, a *voz dos Deuses*[7]. O ressurgimento do coração em *Esther* [Ester] e *Athalie* [Atália], os dramas sagrados do Deus presente e triunfante, são precisamente o sinal da superação da tragédia e da solidão do herói.

Para Goldmann, a filosofia de Pascal e o teatro de Racine não podem ser compreendidos sem que sejam inseridos numa estrutura maior que os englobe: a *corrente jansenista*, movimento religioso "herético", caracterizado por uma recusa não histórica e não mística do mundo.

As notáveis pesquisas de Goldmann e, em particular, a descoberta da correspondência do abade Martin de Barcos permitiram-lhe identificar, no interior desse movimento, três grandes tendências ideológicas:

• uma corrente "moderada" (Goldmann a denomina "centrista"), meio cartesiana, que acredita na possibilidade de se lutar no mundo pela defesa da verdade e do bem, sem excluir compromissos, vez ou outra, na medida em que são eficazes para o objetivo moral a ser atingido. Podemos relacionar a essa tendência os pensadores jansenistas Arnauld, Nicole e Choiseul, as *Provinciales*, de Pascal, e os três dramas de Racine: *Bajazet*, *Mitrídates* e *Ifigênia* (que refletem, com muitas reservas, a tentativa de Arnauld de viver autenticamente no mundo e de se reconciliar com os poderes);

• uma corrente "extremista", que recusa qualquer compromisso com o mundo e que, a partir da certeza imediata e direta da existência de Deus, abandona o mundo para se refugiar na solidão e na exortação à justiça divina; para essa corrente, a luta intramundana pelo bem é uma ilusão, e mesmo a proclamação da verdade é inútil, porque o mundo não saberia nem compreendê-la nem escutá-la. A essa tendência (desconhecida dos historiadores tradicionais do jansenismo) pertencem Martin de Barcos, Singlin, o confessor de Pascal, Lancelot, um dos educadores de Racine, e madre Angélica, assim como *Andrômaca* e, sobretudo, *Britânico* e *Berenice*;

• a corrente "extremista paradoxal", que leva ao limite máximo a idéia do Deus que se esconde, aumentando a incerteza para a própria existência de Deus.

---

[7] Lucien Goldmann, *Racine* , p. 27.

A fé torna-se uma certeza incerta e paradoxal, baseada em uma aposta, e o único comportamento autêntico é o da recusa radical, mas intramundana do mundo. O estado mais perfeito que o homem pode atingir nessa concepção é o de são Pedro, que renegou Jesus, o estado do *Justo Pecador*. Essa corrente, ao mesmo tempo que está próxima do jansenismo radical de Barcos, distingue-se dele pela coerência paradoxal de sua posição, e é expressa apenas em duas obras que não fazem parte da teologia jansenista: *Pensamentos*, de Pascal, e *Fedra*, de Racine.

Graças a essa análise da estrutura significativa, Goldmann pôde superar os erros dos historiadores tradicionais, que não haviam compreendido a diferença qualitativa entre as *Provinciales* e os *Pensamentos*, ignoravam a existência de correntes contraditórias no jansenismo e procuravam a relação entre Racine e a teologia de Port-Royal no nível do conteúdo, ou seja, em suas peças "cristãs" (*Ester* e *Atália*).

Se a explicação de Goldmann tivesse se limitado a esse estudo *imanente* dos escritos de Pascal e de Racine e de suas ligações com as correntes jansenistas, ela já teria sido uma contribuição notável e profundamente inovadora aos estudos sobre o pensamento do século XVII. No entanto, o que faz de *Le Dieu caché*, de Goldmann, um dos grandes livros do marxismo moderno, uma obra de importância *metodológica* fundamental, não só para a história do jansenismo, mas para as *ciências humanas em geral*, é a descoberta das *bases sociais* dessa visão do mundo trágica (descoberta, aliás, que lhe foi indispensável para a própria compreensão dos autores estudados).

Após vários anos de pesquisas pacientes a partir de uma hipótese formulada pela primeira vez em 1945 (em seu *Introduction à la philosophie de Kant*), Goldmann encontra uma homologia estrutural precisa entre a visão trágica do jansenismo e a situação da *nobreza de toga*, classe cujo máximo de consciência possível é representado pelos *Pensamentos* e pelo teatro de Racine.

Na verdade, a nobreza de toga no século XVII encontrava-se em uma situação paradoxal: transtornada entre suas origens e laços burgueses e sua ligação com a monarquia, que começava de fato a se separar do terceiro estado, viu-se forçada a uma atitude que dizia ao mesmo tempo *sim* e *não* ao poder e às instituições da vida política e social. Descontente com a nova orientação do rei (Luís XIII) – nitidamente favorável à aristocracia, mas incapaz de assumir a atitude de oposição ao terceiro estado em virtude de sua total dependência econômica em relação à monarquia –, a nobreza de toga estava condenada a um conflito insolúvel entre seus desejos e sua condição real. Não espanta, portanto, que justamente nessa camada social tenha se desenvolvido a visão do mundo trágica, que vê a grandeza do homem em suas aspirações e sua pequenez em sua incapacidade de realizá-las. A situação paradoxal dos magistrados, advogados, oficiais, membros das Cortes soberanas e dos Parlamentos foi a infra-estrutura social do paradoxo trágico de Pascal e de Racine.

Isso explica também a diferença entre Kant e Pascal: para a burguesia alemã do fim do século XVIII, fraca demais para fazer a revolução (por causa do atraso econômico do país), a ruptura trágica situava-se entre a consciência e a realização, o ideal e a prática; para a nobreza de toga francesa do século XVII, dividida entre seu desejo de mudança e sua ligação material com a monarquia, o conflito trágico colocava-se no interior da própria consciência, entre a razão e a sensibilidade, o dever e a paixão.

Evidentemente, a relação entre a classe e os portadores da visão do mundo está longe de ser linear e imediata; trata-se, aqui, de um caso bastante típico das relações complexas entre um movimento ideológico e o grupo social ao qual ele corresponde.

A ideologia foi inicialmente elaborada fora da classe por alguns intelectuais (Saint-Cyran e Barcos), e foram ainda meios alheios ao grupo que forneceram os ideólogos e chefes da ala extremista (Barcos, Singlin, Lancelot). Em contrapartida, algum tempo depois do surgimento do movimento, uma vanguarda originária da própria classe forneceu os quadros da ala "centrista", que logo se apoderou da direção do movimento e levou a resistência aos poderes; por fim, o grosso da nobreza de toga, os oficiais, os membros do Tribunal de Justiça e os meios parlamentares formaram a grande massa de "simpatizantes" que garantiram à resistência da vanguarda e à sua vida ideológica a enorme repercussão que tiveram no país[8]...

Uma conclusão teórica importante para a sociologia das visões do mundo decorre da análise goldmanniana da visão trágica em geral e dos *Pensamentos* em particular: a partir de uma posição de classe mais conservadora, Pascal pôde ver e criticar certas limitações da visão do mundo racionalista da burguesia em expansão.

---

[8] Idem, *Le Dieu caché*, p. 129.

3. O racionalismo e sua superação

De Descartes ao Iluminismo

Em *Le Dieu caché*, Goldmann já havia se detido na análise da visão do mundo racionalista, especialmente na de seus precursores, como Descartes, Malebranche, Spinoza etc. Em *La philosophie des Lumières* [A filosofia do Iluminismo], ele resgata a estrutura significativa da *Encyclopédie* e, ao mesmo tempo que respeita as nuances teóricas de cada um de seus autores, dedica-se ao terreno histórico-social da época. Como o procedimento não se aplica a um objeto atemporal e fixo, Goldmann assinala também os limites do pensamento do Iluminismo e mostra, rapidamente, os apanhados críticos (e, portanto, sua superação) tais como foram formulados por Kant, Goethe e Hegel.

Mas vejamos, em primeiro lugar, a trajetória da argumentação racionalista: "A linha que leva de Descartes até *A monadologia**, de Leibniz, de *O Cid***, de Corneille, a essa monadologia literária que é *A comédia humana****, de Balzac, e também a Voltaire, Fichte, Valéry etc., é sinuosa, complexa, mas não obstante real e contínua"[9]. Essa é a linha do racionalismo. Ela tem uma estrutura teórica que, para além das modificações e nuances trazidas por cada um, é idêntica. É por isso que se pode falar em direito de uma *visão do mundo racionalista*.

Ela estipula o abandono das categorias de *comunidade*, de *universo* e as substitui pelas categorias de *indivíduo racional* e de *espaço infinito*. Em outras palavras, ao homem religioso e social da Idade Média opõe-se agora o Ego cartesiano e fichteano, a mônada "sem portas nem janelas" de Leibniz e, de modo mais rigoroso, o *homo oeconomicus* de Smith e Ricardo. Uma das conseqüências maiores dessa visão é a eliminação de seu campo reflexivo das esferas *moral* e *religiosa*,

---

* Gottfried Wilhelm Leibniz, A *monadologia* (São Paulo, Abril, 1974, Coleção Os Pensadores). (N. E.)

** Jean-Pierre Corneille, *O Cid, Horácio, Polieucto* (trad. Jenny Klabin Segall, São Paulo, Martins Fontes, 2005). (N. T.)

*** Honoré de Balzac, *A comédia humana* (trad. Paulo Ronai, São Paulo, Globo, 1994). (N. T.)

[9] Lucien Goldmann, *Le Dieu caché*, p. 38.

que a partir de então não existem mais senão como esferas *específicas* e relativamente *autônomas* da vida humana. E isso, inclusive para o padre Malebranche.

Da mesma maneira, no plano social, a *liberdade* individual e a *justiça* impõem-se como valores principais; no plano científico, a *física mecânica* suplanta o aristotelismo e o tomismo. O novo status do homem, *isolado, livre* e *igual*, impunha-se em relação direta com o desenvolvimento da burguesia ascendente contra a nobreza. Deixemos Goldmann esboçar o quadro por meio de uma síntese rápida, mas sólida:

> No curso dos séculos XVI e XVII, o Estado monárquico encontra seu equilíbrio; a burguesia, classe *economicamente* dominante, ou, em todo caso, no mínimo igual à nobreza (que perde suas últimas funções sociais úteis e reais e passa de nobreza de espada para nobreza de Corte), organiza a produção e elabora a doutrina racionalista nos dois planos fundamentais da *epistemologia e das ciências físicas* [...]. O aristotelismo e o animismo neoplatônico foram *historicamente ultrapassados*. O desenvolvimento do capitalismo superou-os no plano da vida econômica e social; uma plêiade de pensadores mais ou menos rigorosos, como Birelli, Torricelli, Roberval, Fermat etc., e, sobretudo, os mais importantes e representativos, Galileu, Descartes e Huygens, tiraram-lhes toda importância científica e filosófica.[10]

Diga-se de passagem, foi em relação a isso que Pascal articulou sua argumentação, assim como a vimos...

Portanto, o racionalismo é, desde a sua origem, um movimento que faz questão de confirmar, nos níveis cultural e filosófico, a ascendência da burguesia. E por oposição ao obscurantismo da Idade Média, que a nobreza defendia a golpes de espada, o racionalismo surgiu – assim como a carta revolucionária – da visão do mundo dessa burguesia. Por isso a batalha foi tão dura, tão sinuosa, às vezes tão confusa, para apenas se resolver e se esclarecer com a grande Revolução.

Enquanto isso, e para além da contradição que um Pascal já trazia a Descartes, houve o Século das Luzes, esse célebre período da história universal. Vale a pena nos determos nele.

A filosofia das Luzes parece sistematizada de forma mais coerente na *Encyclopédie*, obra imensa e com pretensão universal que d'Alembert e Diderot

---

[10] Ibidem, p. 36-7. Grifos de Goldmann.

organizaram contra tudo e contra todos. A visão do mundo que se extrai dela é articulada, em seus postulados, em torno de duas grandes teses, a saber:

a) o valor autônomo e primeiro de um saber que tende à universalidade;

b) o postulado segundo o qual o saber constitui uma *soma* de conhecimentos, que pode ser comunicada sob forma de informações classificadas por ordem alfabética.

Daí várias conseqüências que se encontram de maneira mais ou menos acentuada em todos os pensadores do Iluminismo. A primeira e, sem dúvida, a mais importante, aquela na qual Goldmann insiste, diz respeito à relação entre o *saber* e a *ação*. Para os pensadores do Iluminismo, tanto no plano da história e da sociedade como no plano da natureza, a ação é concebida como modalidade de aplicação direta de *conhecimentos autônomos*, adquiridos pelo saber. Em outras palavras, a ação somente tem importância na medida em que resulta da aplicação do saber, mas não é, de maneira alguma, criadora por si só; não pode, de modo algum, atuar no *conteúdo da verdade*. Goldmann ressalta: "Em suma, os pensadores do Iluminismo jamais entreviram, por assim dizer, o caráter dialético das relações entre o pensamento e a ação"[11]. Daí, aliás, a conseqüência *política*:

> Essa ruptura entre o pensamento e a práxis nos parece corresponder a uma idéia dominante do Iluminismo: o postulado segundo o qual o progresso público do saber e a difusão da cultura poderiam realizar por si sós a libertação do homem e suprimir os males essenciais da sociedade.[12]

Retomando em detalhe a análise marxista da economia liberal, Goldmann salienta a correspondência entre as categorias mentais da filosofia das Luzes e, *mutatis mutandis*, a estrutura de troca na sociedade burguesa. De fato, essa sociedade requer, no plano espiritual e material, o *individualismo*, a *igualdade*, a *liberdade*, a *universalidade*, o *contrato* (este como modo central das relações humanas), a *tolerância* e a *propriedade*. Ora, é justamente essa visão geral que serve de referência à burguesia em luta aberta contra a nobreza no século XVIII, do mesmo modo que é também, apesar das divergências que opõem entre eles os teóricos das Luzes, a visão que se encontra sistematizada em seus escritos e sobretudo, de modo coerente e numerado, na *Encyclopédie*.

---

[11] Lucien Goldmann, *Structures mentales et création culturelle*, p. 5.
[12] Ibidem, p. 9.

Sem entrar nos detalhes dessa análise, observemos que, segundo Goldmann, o único pensador que atingiu os limites extremos do pensamento da Luzes e superou-os, em alguns casos, foi Diderot. Em sua crítica da religião, Diderot de fato enfatiza o fato de a crítica não dever apenas ser abstrata, mas ultrapassar seu objeto concretamente, ou seja, *na prática*. Daí seu ateísmo radical, seu anticolonialismo etc.

No entanto, foram os pensadores alemães, e primeiro parcialmente Kant, em seguida mais rigorosamente Goethe, Hegel e Fichte, que desenvolveram a crítica radical do Iluminismo, opondo a dialética ao racionalismo.

Kant e a passagem para a dialética

Kant *pensa* uma época de virada, inflamada e cheia de explosões políticas. Aquela que verá a explosão de 1789. Goldmann considera essencial o discurso de Kant, tanto filosófico como o político. Fiel ao método marxista, ele o analisa em dois níveis, portanto: o da análise *imanente* (correspondente à compreensão) e o da análise *sociológica* (correspondente à explicação).

Primeiro nível: duas teses parecem dominar o pensamento kantiano: a) a categoria da totalidade; b) o pensamento dos limites (ou visão trágica). Ainda que situado na linha racionalista que agrupa de modo evidentemente específico Descartes, Leibniz, Malebranche e Spinoza – e que significa, no plano conceitual, a dissociação, a "ruptura dos vínculos" do indivíduo em relação à comunidade humana e ao universo, portanto que implica um atomismo subversivo –, o pensamento kantiano é consciente, no entanto, dos limites filosóficos dessa atitude e por isso, desde a obra da juventude (a filosofia pré-crítica), Kant usa a categoria da *totalidade*, concebida não como dada, assim como Heidegger a entenderá mais tarde, mas como *tarefa a realizar*. Esse é um passo importante. As duas tendências fundamentais da existência humana, pelo menos como são postuladas pela tradição filosófica, isto é, *a liberdade* e *a autonomia do indivíduo*, de um lado (racionalismo), e *a comunidade humana, o universo, a totalidade* enquanto horizonte e resultado da livre ação dos homens livres, de outro, pareciam fundamentalmente contraditórias entre os pensadores racionalistas, com exceção de Spinoza. Ora, segundo Goldmann, Kant parece ser, depois de Pascal, o primeiro pensador moderno que reconheceu a importância da categoria da totalidade, mas (como ele é também parte interessada de certo racionalismo) lhe confere um caráter *problemático*.

A importância de Kant reside, antes de mais nada, no fato de seu pensamento exprimir da maneira mais clara as concepções de mundo individualistas e atomistas retomadas de seus predecessores e levadas às suas últimas conseqüências e, precisamente por esse fato, esbarrar também em seus últimos limites, que se tornam, para Kant, os limites da existência humana como tal, do pensamento e da ação do homem em geral, e, por outro lado, não se interromper (como na maior parte dos neokantianos) na constatação dos limites, mas já dar os primeiros passos hesitantes, sem dúvida, mas também decisivos, rumo à integração na filosofia da categoria do *Todo*, do *Universo*...[13]

Assim, o caminho é aberto para Hegel, Marx etc. Entre a totalidade hegeliana, depois marxista, e o atomismo racionalista, o pensamento kantiano surge então como uma *junção*. Porém, como a problemática racionalista é conservada, essa junção com essa "outra coisa" que Fichte, depois Hegel e Marx postulariam é ela própria *um limite*: para ir além do racionalismo, não basta criticá-lo com *seus* próprios conceitos, é preciso opor a ele *outros* conceitos. Portanto, não é por acaso que Hegel com freqüência tenha travado uma batalha contra Kant, visto como resultado último e extremo da filosofia das Luzes.

Resultado último da filosofia racionalista em vias de mutação, o kantismo é, portanto, em relação não só ao que virá depois dele, mas também à sua própria sistemática, um *pensamento dos limites*. Um pensamento essencialmente interrogativo.

Na *lógica*, Kant resume sua conduta da seguinte maneira: O que posso saber? O que devo fazer? O que tenho o direito de esperar? O que é o homem? Em sua análise, Goldmann encontra as respostas para as perguntas de Kant. Mas todas essas questões se resumem muito bem na última, que diz respeito ao homem. O que é, então, o homem para Kant? Diz Goldmann:

> Para Kant, o homem é um ser racional e, uma vez que a razão implica a universalidade e a comunidade, um ser, ao menos em parte, "social" [...] o homem faz parte de um todo maior, de uma *comunidade* e, por intermédio dela, de um *universo*. Mas

---

[13] Lucien Goldmann, *Introduction à la philosophie de Kant*, p. 41.

tanto essa comunidade quanto esse universo são *imperfeitos*, pois as ações do homem são ainda dominadas por instintos poderosos e interesses egoístas, que o opõem aos seus semelhantes e tendem a fragmentar a comunidade e o universo. O homem é um ser "social–associal". É na matriz dessa contradição que se desenvolve o discurso kantiano. Daí a *esperança irrealizável* na comunidade perfeita (social, *mas* associal, o homem não *pode* alcançá-la), no reino de Deus sobre a terra, no conhecimento das coisas em si, na vontade sagrada etc., idéias *supra-sensíveis irrealizáveis* na terra pela ação e vontade do homem. Porque o homem kantiano *deve* tender para essas idéias supra-sensíveis sem jamais *poder* atingi-las [...] a existência do homem é trágica.[14]

Trágica e que implica duas perspectivas: "*a fé racional* e a esperança ainda insuficiente no futuro da comunidade humana, *a história*"[15]. É nesse sentido que a filosofia kantiana é um pensamento dos limites: a visão do mundo que dela resulta é, em um sentido, *trágica*, dividida entre a *necessidade* da realização desses valores supra-sensíveis e a impossibilidade *prática* dessa realização pelo homem, que é um ser duplo (social–associal). Mas é também nesse sentido que Kant abre caminho para os filósofos modernos, principalmente Hegel e Marx, que vão sustentar a possibilidade dessa realização, seja na idéia absoluta (subjetividade), seja pela práxis (objetividade-subjetividade).

Segundo nível: o pensamento de Kant é produzido por certo período social e histórico. É um pensamento *do* mundo e não um sistema puro acima da terra. De modo geral, então, Goldmann esboça o cenário que explica a emergência e a contradição inerente ao pensamento kantiano.

No primeiro capítulo, intitulado "La philosophie classique et la bourgeoisie occidentale" [A filosofia clássica e a burguesia ocidental], ele delineia a situação econômico-histórica da burguesia ocidental (francesa, inglesa, alemã). A visão do mundo tal como resulta do discurso kantiano corresponde de maneira bastante rigorosa ao sistema de representações da burguesia alemã. E, mais precisamente, à ala avançada dessa burguesia. Mas essa estava *historicamente atrasada* nos planos econômico e político em relação às burguesias inglesa e francesa. O sistema kantiano traduz o *mal-estar* desse atraso. Assim:

---

[14] Ibidem, p. 303
[15] Idem.

[ele] reconheceu claramente a essência do homem na sociedade burguesa, designando-o como um ser "social-associal", e reduziu a harmonia e o acordo aos elementos puramente formais, vendo se esboçar, no plano do conteúdo, todos os antagonismos possíveis que o futuro reserva. E por essa análise mais clara e mais profunda ser resultado de uma situação "doentia", ela pôde sustentar a primazia da razão prática, ter consciência dos limites nos quais ainda esbarra o homem livre e independente, e compreender assim a necessidade de superá-los.[16]

É isso que faz de Kant um grande pensador. E é isso que faz dele também um *precursor* do pensamento moderno e, aos olhos de Goldmann, uma fonte sempre viva da reflexão filosófica. A obra de Kant é direcionada para a libertação do homem e espera que os valores de solidariedade e de humanismo se realizem. Esse projeto filosófico é fundamental, "pois nada tem o direito de reclamar para si a filosofia e o espírito, salvo o que é dirigido à libertação do homem e à realização de uma verdadeira comunidade"[17].

4. A visão existencialista

Da mesma maneira que se interessa por outros movimentos filosóficos importantes, tais como o racionalismo, o pensamento trágico e a visão dialética, Goldmann se interessa pelo existencialismo enquanto *visão do mundo*. E é por isso que procura identificar, de forma esquemática, sem dúvida, mas capital, o que constitui, senão seu embasamento sociológico, ao menos as turbulências da história em que ele ganha forma. Ligando-se de sua parte à tradição dialética – de Hegel, Marx e Lukács –, Goldmann tem condições de julgar o existencialismo tanto de *dentro* como de *fora*.

De dentro, na medida em que certas preocupações dessa visão estão presentes na filosofia marxista, mas no estado pronto; de fora, porque ele jamais se submeteu às formas dominantes, ao que parece "evidente" para todos e que, para Goldmann, é apenas *sintomático* de uma situação mais complexa. Pois o existencialismo parecia, de fato, de uma evidência desarmante para toda uma geração de intelectuais, ao passo que hoje essa evidência é vista como antiquada.

---

[16] Lucien Goldmann, *Introduction à la philosophie de Kant*, p. 55.
[17] Ibidem, p. 309.

Usualmente, costuma-se apontar o lugar, senão a época de nascimento da filosofia existencialista, no século XIX. Kierkegaard, como origem não primeira, mas plena do discurso existencialista, aparece como o iniciador coerente desse movimento. No século XX, o existencialismo sempre se definirá em relação a Kierkegaard: contra ele ou partindo das questões fundamentais que ele colocou, mas sempre *em relação* a ele. No entanto, ao contrário do que tradicionalmente é admitido pelos próprios existencialistas, Goldmann sustenta e demonstra que a primeira abordagem *coerente e sistemática*, a que levanta o conjunto dos problemas debatidos naquele século pelo pensamento existencialista, encontra-se já, e em primeiro lugar, antes de Heidegger e de Sartre, no jovem Lukács, muito precisamente em *Die Seele und die Formen*, escrito em 1909. Essa origem primeira no século foi raras vezes valorizada e Goldmann, de sua parte, não cessou de fazê-lo.

A corrente existencialista, no entanto, será essencialmente ativada por Karl Jaspers, Heidegger e Sartre, já que Lukács abandonou suas primeiras posições para se juntar, em 1917, à revolução bolchevique, ou seja, ao marxismo revolucionário. Na França, para Goldmann, seus representantes literários serão, além do próprio Sartre, Paul Nizan, André Malraux e Louis Guilloux (esse último, sobretudo, com *Le sang noir* [O sangue negro]). Na Alemanha, Ernst Jünger domina o movimento literário existencialista.

Para além das nuances entre um ou outro pensador existencialista, a estrutura geral dessa visão é fortemente definida por Goldmann. Parece-lhe, em seu conjunto, uma filosofia *do limite* e *do fracasso*. As conseqüências dessa atitude são sinteticamente resumidas por Goldmann: dissolução do objeto e da estrutura no sujeito "livre", dissolução da descontinuidade na diacronia (daí o historicismo simplista de Sartre) e, portanto, desconhecimento do fato de que a subjetividade tem um fundamento real e objetivo (o que faz do existencialismo um idealismo...); ausência, enfim, de valores positivos, como a categoria do futuro, em benefício da "vivência" imediata, ou seja, substituição do otimismo por um pessimismo metafísico. Todos esses temas se encontram notavelmente em ação no pensamento de Sartre, e Goldmann os analisa. No entanto, antes de abordá-lo, vejamos rapidamente o que subentende, na perspectiva de Goldmann, o surgimento do pensamento existencialista em geral.

*

Desde o século XVII, o desenvolvimento da produção para o mercado favoreceu o surgimento de várias correntes filosóficas que, ao mesmo tempo que reduziam a implícitos os valores transindividuais da Idade Média, fundavam a nova visão do mundo sobre a consciência individual, seja enquanto razão autônoma, enquanto sujeito da experiência sensível, seja enquanto síntese da razão e da sensibilidade. De Descartes a Adam Smith, passando por Leibniz, Hume, Voltaire, Diderot e Ricardo, uma mesma trama teórica postulava, nuances à parte, que se cada *ego* ou mônada se conduzisse de acordo com as prescrições rigorosas da razão, de sua experiência ou de seu interesse, a concordância geral acabaria sendo, senão perfeitamente, ao menos *suficientemente* garantida. Como a razão, o mundo teria assim uma *Ordem*: a mesma, se possível, na consciência de cada indivíduo. Esse equilíbrio geral e benéfico seria estabelecido pela universalidade da evidência racional, ou ainda, pela concordância relativa das experiências no nível ideológico, ao passo que, como que de maneira subreptícia, o jogo da oferta e da demanda seria, no nível econômico, a garantia da liberdade individual.

Enquanto a situação econômica da sociedade ocidental foi ascendente e estável (nessa ascendência), essa problemática foi dominante e sempre solidamente sustentada pela realidade. Mas, a partir do início do século XIX, as primeiras invectivas vieram abalar essa quietude teórica. Os sobressaltos provocados por diversas revoluções abortadas e o início das grandes guerras nacionais geraram correntes filosóficas que se opunham ao paraíso terrestre prometido pelo Iluminismo e denunciavam, em conjunto, a hipocrisia de uma ideologia que se tornou alheia às suas promessas originais. Kierkegaard e Marx, contra ou com Hegel, foram contemporâneos e defenderam no mesmo ano seus doutorados em filosofia. Duas correntes de pensamento iriam eclodir, ambas destinadas às disputas da história. Se o século XIX havia abalado a problemática racionalista e empirista, o início do século XX iria, por assim dizer, aniquilá-la. A regularização dos comportamentos individuais que resulta da existência da economia liberal se esvai como o dia diante da noite. O desenvolvimento dos monopólios, dos cartéis, dos trustes torna precária a segurança individual; é difícil manter o equilíbrio social e econômico; a guerra surgia, aliás, para interromper os grandes projetos. Nesse estágio terminal do capitalismo, os pensadores marxistas produziram sua teoria. Hilferding escreveu *O capital financeiro**, Lenin, *Imperialismo, fase superior do capitalismo***, e Rosa Luxemburgo, *A acumulação do capital****. Apesar de suas divergências, esses autores sustentam uma mesma tese: uma época morre, outra nasce – o capitalismo clássico, liberal, desaparece na explosão diante do imperialismo. A exploração social torna-se mais sistemática; camadas sociais que até então haviam relativamente escapado passam e passarão sem parar pelas forcas caudinas da reorganização do capitalismo. Na França, "a República das classes médias", segundo a expressão de Régine Pernoux, espera e vê o futuro com angústia; ela tem razão, a Primeira e, depois, a Segunda Guerra Mundial seriam seu golpe de misericórdia. E Goldmann escreve: "É uma época que muitos de nós vivemos e que se situa mais ou menos entre 1910 e 1945, época caracterizada por duas guerras mundiais e certo número de crises econômicas, sociais e políticas de uma amplitude excepcional". Essa época e suas revoluções culturais testemunham, melhor do que qualquer outra, a filosofia existencialista. A reflexão não parte mais dos valores transindividuais, como no pensamento cristão da Idade Média, nem da autonomia do indivíduo, como no racionalismo, no empirismo clássico e na filosofia do Iluminismo, mas das *limitações* do indivíduo no mundo e sobretudo *da* limitação central, aquela que é a principal categoria da reflexão existencialista: *a morte*. Daí também a importância que ganha de repente o conceito de *angústia* na filosofia. Assim, esse período do qual emerge o existencialismo moderno enquanto fenômeno ideológico importante é um período de *crise* social, econômica, política e cultural do capitalismo ocidental. Goldmann lembra à margem de cada uma de suas análises sobre o existencialismo:

> Já escrevi muitas vezes que a expansão do existencialismo na Europa me parece ligada ao período de crise das sociedades capitalistas avançadas, crise que resultou da desregulamentação dos mercados na economia liberal por causa do desenvolvimento

---

* Rudolf Hilferding, *O capital financeiro* (trad. Reinaldo Mestrinel, São Paulo, Nova Cultural, 1985, Coleção Os Economistas).

** Vladimir Ilitch Lenin, *Imperialismo, fase superior do capitalismo* (São Paulo, Expressão Popular, 2007).

*** Rosa Luxemburgo, *A acumulação do capital: contribuição ao estudo econômico do imperialismo* (trad. Marijane Vieira Lisboa e Otto Erich Walter Maas, São Paulo, Nova Cultural, 1988, Coleção Os Economistas). (N. T.)

dos monopólios e dos trustes, e que durou até a implantação das instituições de auto-regulação da economia, depois de 1950. Essa crise se manifestou fundamentalmente pela Primeira Guerra Mundial, pela crise econômica, social e política dos anos 1918 a 1923 na Alemanha, pela crise de 1929 a 1933, pela chegada do nacional-socialismo ao poder e, por fim, pela Segunda Guerra Mundial.[18]

Uma vez desnudado o embasamento histórico-econômico, Goldmann dedica-se então à análise das diversas correntes, literárias e filosóficas, que se desenvolveram nele e o mascararam com sua presença no plano cultural. Assim, a *Pour une sociologie du Roman* é testemunho desse trabalho de decodificação. Nela, a obra de Malraux é cuidadosamente analisada como manifestação de uma época histórica que a tornou possível. A título indicativo, vejamos, no entanto, a análise que Goldmann postula sobre o pensamento sartriano e sua evolução.

O exemplo de Sartre

Segundo Goldmann, o sistema de pensamento sartriano é elaborado fundamentalmente com base no tema da liberdade absoluta do indivíduo. Mas, para além dessa consideração geral, o pensamento de Sartre sofreu uma evolução importante, marcada por três transformações, senão mutações maiores, elas próprias correspondendo a quatro períodos sucessivos entre os quais o teatro sartriano ocupa um lugar à parte. (Não nos deteremos nesse último ponto, uma vez que o que nos interessa aqui diz respeito à trajetória propriamente filosófica de Sartre.)

Goldmann situa o primeiro período em torno de *O imaginário*, de *A imaginação*, assim como nos contos reunidos em *O muro**. Ele também é visível em *Esboço para uma teoria das emoções***: corresponde ao *projeto*, ou seja, à trama

---

[18] Lucien Goldmann, *Structures mentales et création culturelle*, p. 214.

* Jean-Paul Sartre, *O imaginário* (trad. Duda Machado, São Paulo, Ática, 1996); *O existencialismo é um humanismo, A imaginação, Questão de método* (trad. Rita Correia Guedes, Luiz Roberto Salinas Forte e Bento Prado Junior, São Paulo, Nova Cultural, 1987, col. Os Pensadores); *O muro* (trad. H. Alcântara Silveira, Rio de Janeiro, Nova Fronteira, 2005). (N. T.)

** Idem, *Esboço para uma teoria das emoções* (trad. Paulo Neves, Porto Alegre, L&PM, 2006). (N. T.)

buscada, senão à realização efetiva de *A náusea*. Goldmann observa a característica filosófica desse período:

> [é a da] oposição entre o mundo da vida cotidiana imediata e o mundo imaginário, assim como [a] da valorização deste último, que não só transforma por sua ingerência o mundo imediato, mas sobretudo é o único que pode dar um significado autêntico e até mesmo, sob a forma da criação estética, um valor transindividual à vida dos homens.[19]

No entanto, esse período seria rapidamente ultrapassado. Aliás, ele se mescla, pelo viés de *A náusea*, com o segundo período. É por isso que jamais foi nitidamente distinguido pelos críticos, que o confundiram com o período de *O ser e o nada*. Ora, sempre atento às nuances, aos cortes precisos, às análises regionais, Goldmann esclarece o que permite a confusão. Simplesmente, em *A náusea*, os críticos viram apenas o termo "existência", pedra angular para a interpretação simplista do pensamento existencial, que eles encontrariam, elevado à posição de conceito central e operacional, em *O ser e o nada*. Ora, a função do conceito de existência em *A náusea* é diferente, quase contraditória, daquela que ele tem em *O ser e o nada*. A existência caracteriza o *para si*, o homem, em *O ser e o nada*, ao passo que é atributo próprio dos *objetos* em *A náusea*, ou seja, do que representa na sua obra filosófica, o *em si*. Em *A náusea*, a existência é exatamente a propriedade dos objetos de estar presente de maneira acidental, portanto absurda, sem que se lhes possa atribuir necessidade ou racionalidade. O que, para o homem, corresponde à existência das coisas é precisamente a náusea resultante da consciência desse absurdo e da qual só se pode escapar pela má-fé inautêntica ou, alternativamente, pela salvação autêntica da criação imaginária. Além disso, a importância de *A náusea* está ligada, aliás, segundo Goldmann, ao fato de ser um dos primeiros romances do século cujo significado fundamental gira em torno da dissolução do herói. E, embora carregue as seqüelas do primeiro período da reflexão sartriana, pertence por seu significado efetivo ao segundo período, que Goldmann denomina *existencialista*. Ele é constatado fundamentalmente em *O ser e o nada*, obra filosófica da maior importância. Nela, o existencialismo aparece de maneira clara como uma filosofia do fracasso e do

---

[19] Lucien Goldmann, *Structures mentales et création culturelle*, p. 210.

limite. O mundo é rigorosamente dividido entre o em si e o para si: faz falta aí a idéia de uma totalidade sintética. A alternativa é nitidamente delineada: é o mundo diante do indivíduo e o indivíduo diante do mundo. Trata-se, segundo Goldmann, de uma *volta* ao cartesianismo, ainda que Descartes tenha situado o problema da união da alma e do corpo no homem, o que é totalmente ausente em Sartre. A característica principal desse segundo período, que o remete à tradição cartesiana, mais do que a separação do homem e do mundo, é o *amoralismo* profundo e rigoroso que engloba a posição de Sartre, assim como a de Descartes. O único valor explicitamente formulado é o da autonomia do indivíduo e da orientação fundamental de sua existência, que ele escolhe de modo livre e consciente. Sartre escreve em *O ser e o nada*: "A ontologia não conseguiria formular prescrições morais. Ela se ocupa unicamente do que é, e não é possível extrair imperativos de seus indicativos". No entanto, essa obra, quanto ao seu alcance, não se limita de maneira alguma a essa única determinação, e Goldmann é consciente disso e salienta a importância que tem, no caso, por exemplo, da análise do *olhar*, essa relação fundamental entre o indivíduo e o outro. O terceiro período encontra-se essencialmente em torno de *O existencialismo é um humanismo* e de *Crítica da razão dialética*. Aqui se dá um problema na reflexão sartriana que até então *lhe era estranho*. Escreve Goldmann:

> O amoralismo cartesiano de *O ser e o nada* é substituído por uma posição parcialmente kantiana, na medida em que o existencialismo *é* um humanismo e que a escolha somente é livre quando implica a liberdade de todos ou, no mínimo, no que diz respeito às obras literárias, a liberdade da comunidade.[20]

Essa tese poderia suscitar certa contradição se não fosse enunciada de modo extremamente nuançado. De fato, como conciliar o individualismo cartesiano, ainda que munido de seu amoralismo, e o universalismo kantiano? Precisamente, Goldmann sustenta que *é essa posição intermediária* entre essas duas visões inconciliáveis que permite a Sartre continuar no quadro geral do existencialismo, ou seja, no espaço fechado de um sistema de pensamento baseado fundamentalmente no caráter inevitável do fracasso. Desse período até a fase aparentemente última do pensamento sartriano, aquela que se encontra em *As*

---

[20] Lucien Goldmann, *Structures mentales et création culturelle*, cit., p. 216-7.

palavras*, o problema central, e insolúvel, é de fato encontrar os meios de conciliar, "no interior de uma ação que tem por objetivo os outros em geral e a liberdade da comunidade em particular, o indivíduo com a comunidade e as exigências da moral com aquelas da eficácia"[21]. Esse problema, aliás, será abordado de maneira específica na obra teatral de Sartre.

Mas essas mudanças, essas transformações, esses deslocamentos na obra sartriana resultam de quê? Qual é sua fonte silenciosa? E o terreno que os nutre? Goldmann consagrou vários anos a identificar os rastros, os passos, as profundas marcas histórico-sociais. Com a ajuda de alguns de seus alunos, ele tinha o projeto de realizar uma vasta análise do fenômeno existencialista em geral e sartriano em particular. Esse projeto foi interrompido por sua morte. No entanto, em um de seus últimos escritos, ele formula uma explicação extremamente sugestiva a respeito das variações da obra sartriana. Nós a citamos integralmente:

> Seria importante para a história das idéias sartrianas saber o que provocou a passagem entre os diferentes períodos. Confesso que não tenho nenhuma hipótese específica sobre a primeira dessas passagens. No fundo, as duas posições, a primeira, bastante corrente na filosofia universitária, e a segunda, existencialista, coexistiam na época, na Europa ocidental, e a questão faz parte de uma problemática mais ampla, a da penetração da fenomenologia e do existencialismo da Alemanha na França, e das modificações que sofreram. Em compensação, parece-me altamente provável que a passagem do segundo para o terceiro período tenha um fundamento histórico e social, ou seja, a guerra, a ocupação e a resistência. Basta ler os três primeiros textos desse terceiro período, *O existencialismo é um humanismo, Os caminhos da liberdade* e, sobretudo, *As moscas***, cuja situação geral (Argos e a cerimônia do remorso) é uma transposição mal disfarçada da França sob Pétain, para se dar conta disso. Os acontecimentos históricos levaram Sartre a renunciar ao amoralismo cartesiano de *O ser e o nada* e a introduzir os problemas da cidadania, assim

---

* Jean-Paul Sartre, *As palavras* (trad. J. Guinsburg, Rio de Janeiro, Nova Fronteira, 2005). (N. T.)

[21] Lucien Goldmann, *Structures mentales et création culturelle*, p. 217-8.

** Jean-Paul Sartre, *Os caminhos da liberdade* (trad. Sérgio Milliet, 3. v., Rio de Janeiro, Nova Fronteira, 2005); *As moscas* (trad. Caio Liudvik, Rio de Janeiro, apresentação, Nova Fronteira, 2005). (N. T.)

como a distinção entre o Bem e o Mal – filosoficamente a problemática de Kant, Hegel e Marx – no quadro geral de sua filosofia.[22]

5. A visão dialética

Em seu ensaio de tipologia das visões do mundo, a *Weltanschauung* [visão do mundo] dialética ocupa um lugar privilegiado, pela simples razão de que Goldmann considera sua obra pertencente a essa visão. Nesse sentido, suas análises sobre a história do pensamento marxista são uma reflexão da dialética materialista sobre si mesma, sendo a perspectiva dialética, aliás, a única capaz de compreender e de explicar não só as outras, mas também a sua própria visão do mundo.

Como Lukács, Goldmann não cansa de salientar a afinidade entre a dialética marxista e a dialética hegeliana. No entanto, afirma que constituem *duas visões distintas do mundo*. Por quê? A diferença que se alega usualmente (o próprio Marx fez isso), a saber, que Hegel proclama a primazia do espírito e Marx, a da vida econômica, não é suficiente – se não for bem explicitada – para fazer do hegelianismo e do marxismo duas filosofias distintas. Pois Marx admite a influência do pensamento sobre a vida material e Hegel, a influência das condições sociais sobre a vida do espírito. Haveria então a mesma dialética da totalidade, e a diferença se reduziria, no máximo, a uma importante questão de ênfase.

Ora, segundo Goldmann, a diferença baseia-se em um problema mais fundamental, que distingue radicalmente as duas filosofias: *a relação entre o pensamento e a ação*. Os dois sistemas afirmam a unidade do pensamento e da ação, mas de maneira inteiramente diferente. Para Hegel, a ação não exige necessariamente um pensamento consciente de si mesma, um ser "em si e para si". O "artifício da razão" impõe-se através das consciências mais ou menos falsas dos homens, e a verdadeira tomada de consciência somente se dá depois, *post factum*, quando a idéia já foi realizada na realidade histórica. A filosofia de Hegel pensa e compreende Napoleão ou o Estado prussiano, mas não é um meio indispensável para sua realização. Para Marx, se é verdade que existem ideologias, falsas

---

[22] Lucien Goldmann, *Structures mentales et création culturelle*, p. 219.

consciências através das quais se realiza a marcha da história, a verdadeira libertação (ou seja, a revolução socialista) implica uma *tomada de consciência verdadeira*; o pensamento torna-se assim um *elemento necessário* e não, como em Hegel, o coroamento da ação, a coruja de Minerva, que desperta depois que o dia cai. Para Marx, o pensamento verdadeiro não é a realização do espírito absoluto, o fim da história, mas a condição para uma ação eficaz de transformação social[23].

A primeira questão a que deve responder um estudo materialista do marxismo é evidentemente esta: a que classe social pode ser atribuída (*Zugerechnet*, no sentido lukacsiano) a teoria de Marx? Qual é a base social da visão do mundo dialética materialista? O marxismo representa a filosofia do proletariado revolucionário, ou seja, consciente de seus interesses históricos? Goldmann se fez com freqüência essa pergunta fundamental, sem jamais lhe dar uma resposta precisa. Às vezes, como em seu notável artigo de 1947, "Le matérialisme dialectique est-il une philosophie?" declara explicitamente: "O materialismo dialético é, *antes de mais nada*, uma atitude prática diante da vida. A ideologia de uma classe que quer *transformar* o mundo para realizar esse máximo de *comunidade* e de *liberdade* humanas que um dia será a sociedade socialista"[24]. Além disso, em um de seus últimos textos, uma entrevista de 1970, ele salienta a ligação entre o marxismo e o sujeito coletivo constituído pela classe operária e pelo movimento socialista[25]. Dito isso, para Goldmann, o caráter proletário do marxismo situa-se no nível da *consciência possível* da classe operária, que nem sempre é a consciência real da massa dos proletários em seu conjunto:

> A existência, atualmente, de muitos e poderosos sindicatos antimarxistas em diversos países não comprova em nada o caráter não proletário do pensamento marxista. De fato, a ideologia nunca atinge mais do que uma fração mais ou menos importante da classe a que corresponde e muitas vezes acontece de essa fração ser apenas uma minoria, e até uma minoria bastante reduzida.[26]

Na realidade, é somente partindo dessa premissa sociológica (o marxismo, consciência "atribuída" do proletariado) que se pode compreender a *especifici-*

---

[23] Idem, *Recherches dialectiques*, p. 16-8.
[24] Ibidem, p. 18.
[25] Entrevista a Brigitte Devismes, p. 38.
[26] Idem.

dade da visão do mundo dialético materialista enquanto sistema particular, irredutível às filosofias anteriores.

A afirmação da *insuficiência do discurso conceitual* separa o marxismo de todas as filosofias empiristas ou racionalistas (inclusive da que lhe é mais próxima: o hegelianismo); o princípio de *imanência histórica* o separa de qualquer filosofia cristã; a importância primordial da *ação* e da *comunidade* o opõe ao spinozismo e a qualquer materialismo contemplativo individualista; e, por fim, a perspectiva *histórica e social* do caminho revolucionário que leva ao futuro, à coletividade, o distingue do pensamento de Pascal e de Kant.

Portanto, a especificidade da visão do mundo marxista situa-se no nível do método – o estruturalismo histórico – e ao mesmo tempo (sendo os dois aspectos inseparáveis) no nível do projeto humanista revolucionário: a dominação racional da natureza e da sociedade por uma comunidade humana autenticamente livre.

O marxismo ortodoxo poderia ser definido, então, por três teses fundamentais (embora essa enumeração não tenha um caráter exclusivo e exaustivo):

1. a afirmação do progresso histórico, não como uma realidade causalmente inevitável, mas como "uma possibilidade oferecida à ação do homem, confirmada pela evolução passada e que deve constituir o princípio diretivo de suas ações". Em outras palavras, o progresso é apreendido pelo marxismo na categoria dialética da *possibilidade objetiva*, "que sozinha permite evitar as duas armadilhas – do romantismo utópico e da adaptação passiva ao que existe –, garantindo a seriedade de um pensamento que se propõe centrado na *realização*";

2. a afirmação da *identidade parcial do sujeito e do objeto*, que implica que os valores progressistas não têm um caráter idealista e arbitrário, mas em última análise são a expressão, no plano da consciência dos homens – que faz parte, ela própria, da realidade social –, das tendências imanentes a essa realidade;

3. a afirmação do princípio metodológico da *totalidade*, segundo o qual só se pode compreender um fato humano na medida em que ele está inserido nas estruturas histórico-sociais das quais faz parte, sua gênese e suas tendências ao futuro[27].

---

[27] Lucien Goldmann, *Recherches dialectiques*, p. 349-50.

Como já mencionamos, havia muitos anos que Goldmann tinha o projeto de realizar um grande estudo sociológico e filosófico da obra de Marx. Sua morte prematura impediu a realização desse projeto. Restaram dois artigos sobre o jovem Marx e os cursos sobre os *Grundrisse* na École Pratique des Hautes Études (dos quais publicamos, neste livro, alguns fragmentos inéditos).

O marxismo não nasceu de uma só vez, mas constituiu-se progressivamente por uma trajetória cuja expressão encontramos nas obras de juventude de Marx. Essas obras constituem etapas na direção da descoberta por Marx do núcleo do pensamento dialético: a unidade entre a teoria e a práxis, e a relação circular entre as condições objetivas e a ação do sujeito.

Durante um primeiro período (1841-1843), o pensamento de Marx, como o dos jovens hegelianos, distancia-se da dialética de Hegel para aproximar-se de um racionalismo semelhante ao da filosofia das Luzes. Como diz Lukács, em seu importante artigo "Moses Hess und die Probleme der idealistischen Dialektik" [Moses Hess e o problema da dialética idealista], de 1926, o pretenso "neo-hegelianismo" era, na realidade, um retorno de Hegel a Fichte, ou seja, da dialética do real ao moralismo que opõe os valores à realidade. Qual era o fundamento sociológico dessa tendência? A ausência de força objetivamente revolucionária na Alemanha tornava abstrato e racionalista o pensamento ideologicamente radical dos jovens hegelianos e de Marx. Sem base real, a filosofia democrática e oposicionista tornava-se um puro "dever ser" confrontado com o *status quo* reacionário do Estado prussiano. Esse dualismo é a estrutura significativa dos primeiros escritos do jovem Marx (1842-43): os artigos da *Gazeta Renana* (dos quais, por outro lado, é preciso salientar as notáveis intuições sociológicas[28]) e a *Crítica da filosofia do direito de Hegel**.

Foi somente com a *descoberta dos proletariados francês e inglês* enquanto forças revolucionárias que o pensamento de Marx e de Engels se tornou dialético[29], isto é, encontrou uma base real capaz de fundar a unidade entre a teoria e a

---

[28] Cf. Lucien Goldmann, *Marxisme et sciences humaines*, p. 137-42.

* Karl Marx, *Crítica da filosofia do direito de Hegel* (trad. Rubens Enderle e Leonardo de Deus, São Paulo, Boitempo, 2005). (N. T.)

[29] Ainda que Goldmann não tenha tido tempo de desenvolver essa tese, e muito menos a intenção de afirmar sua validade de maneira categórica.

prática. Dito isso, mesmo a descoberta do proletariado, no momento da chegada de Marx em Paris, no fim de 1843, não produziu imediatamente um pensamento dialético conseqüente. Durante um curto período de transição, representado essencialmente pelos artigos dos *Anais franco-alemães,* de 1844, Marx formularia uma teoria dualista que opõe o pensamento racional, sujeito ativo da história, à realidade material, base passiva da revolução.

O primeiro texto inteiramente *monista* e dialético na obra de Marx está contido nas "Teses sobre Feuerbach"*, de 1845: "Na história da filosofia européia, essas duas ou três páginas nos parecem ter uma importância igual às obras filosóficas mais célebres e não hesitamos em compará-las à importância do *Discurso do método,* da *Crítica da razão pura* e da *Fenomenologia do espírito*""[30].

A única filosofia rigorosamente monista anterior a Marx parece ser a de Spinoza, que, no entanto, aproxima-se do materialismo mecanicista na medida em que não abre o menor espaço para o tempo, nem para a atividade do sujeito e tampouco para a história (aliás, é isso que atrai a simpatia dos althusserianos!).

As "Teses sobre Feuerbach" são, portanto, como salientou Engels com toda razão, "o primeiro documento em que foi depositado o germe genial da nova concepção de mundo", documento extremamente rico e extremamente conciso cujos temas constituem um conjunto *coerente*. Goldmann privilegia três temas que lhe parecem de maior atualidade para o debate no seio das ciências humanas e da filosofia hoje:

1. a percepção não é uma intuição sensível contemplativa, um reflexo passivo do mundo externo; ela é de imediato *atividade perceptiva* (1ª tese). Em outras palavras, a ligação entre conhecimento e práxis encontra-se, desde o início, na forma mais elementar da relação cognitiva entre o homem e o mundo. Essa tese de Marx foi inteiramente confirmada pelas pesquisas de laboratório

---

* Karl Marx e Friedrich Engels, "Teses sobre Feuerbach", em *A ideologia alemã* (trad. Rubens Enderle e Leonardo de Deus, São Paulo, Boitempo, 2007). (N. T.)

** René Descartes, *Discurso do Método* (trad. Paulo Neves, Porto Alegre, L&PM, 2005); Immanuel Kant, *Crítica da razão pura* (trad. Lucimar A. Coghi Anselmi e Fulvio Lubisco, São Paulo, Ícone, 2007); Georg Wilhelm Friedrich Hegel, *Fenomenologia do espírito* (trad. Paulo Meneses, 4. ed., Petrópolis/Bragança Paulista, Vozes/Editora Universitária São Francisco, 2007). (N. T.)

[30] Lucien Goldmann, *Marxisme et sciences humaines*, p. 148.

da psicologia moderna, em particular pelos estudos de Jean Piaget sobre as ilusões perceptivas;

2. o determinismo unilateral e mecanicista, segundo o qual "os homens são o produto das circunstâncias", foi substituído por uma visão dialética da "circularidade" do sujeito e do objeto, das condições sociais e da atividade humana (3ª tese). O materialismo metafísico, desde Demócrito, Spinoza, D'Holbach, Helvétius, Feuerbach e Althusser, concebe o homem, seu pensamento e seu comportamento como o produto das "circunstâncias", da "educação", das "estruturas". No interior desse sistema rígido, a mudança só pode vir de um elemento *externo* – o sábio ou o déspota esclarecido para os filósofos do Iluminismo, o homem de ciência para os althusserianos. De qualquer maneira, divide-se a sociedade em duas categorias diferentes: a massa passiva e ignorante, produto das circunstâncias, e o indivíduo excepcional (ou gênio científico) que pode intervir para mudar as condições (ou conhecer a verdade). Para Marx, ao contrário, as "circunstâncias" não são um começo absoluto: as condições sociais são produto da atividade dos homens, atividade que foi resultado, por sua vez, de determinadas condições objetivas: o processo histórico desenrola-se como um círculo dentro do qual todo começo é apenas relativo (justificado pelas necessidades operacionais de uma busca particular).

3. O sujeito da práxis não é o indivíduo isolado, mas a coletividade histórica (6ª tese). A ideologia individualista é o fundamento da posição estática (anistórica) e dualista do materialismo contemplativo.

*

Se o pensamento de Marx inaugura a visão dialética (materialista) do mundo, a história do pensamento marxista pós-Marx mostra a possibilidade de "eclipses" periódicos (e prolongados) da dialética e a transformação do marxismo em ideologia dogmática e metafísica, cujas duas principais versões foram o reformismo "ortodoxo" da Segunda Internacional e o stalinismo.

Em 1957, Goldmann considerava que a tarefa mais importante para os pensadores marxistas era a constituição de uma história marxista do pensamento socialista de Marx até a época atual[31]. Ele não pôde realizar essa tarefa, mas

---

[31] Idem, *Recherches dialectiques*, p. 260.

encontram-se espalhados em sua obra inúmeros artigos, trabalhos ou referências fragmentadas sobre esse assunto, com indicações extremamente ricas e originais. O artigo de 1963 intitulado "Pour une approche marxiste des études sur le marxisme" [Para uma abordagem marxista dos estudos sobre o marxismo], constitui apenas uma das múltiplas tentativas de Goldmann de abordar o problema (e não necessariamente a mais feliz). Tentaremos reconstituir a visão de conjunto que se delineia através de suas diferentes abordagens da história do marxismo[32].

O ponto de partida metodológico de Goldmann é, evidentemente, que as metamorfoses da visão do mundo dialética, suas radiações ou obscurecimentos, seu ressurgimento ou desaparecimento devem ser explicados pelo materialismo histórico, ou seja, não como um fenômeno abstrato e puramente intelectual, mas em relação com a história do movimento operário e a luta de classes.

Isso não quer dizer de maneira alguma, como querem certos críticos althusserianos de Goldmann, que, para ele, "a teoria é a emanação de uma prática preexistente das massas e a expressão passiva da consciência revolucionária"[33]. Em primeiro lugar, para Goldmann, a teoria jamais é "passiva", mas sempre elemento de um comportamento global teórico-prático (1ª tese de Feuerbach, que ele cita com tanta freqüência); em segundo lugar, para ele, a teoria marxista (por exemplo, de Lenin ou de Rosa Luxemburgo) não é uma simples "emanação da prática das massas", mas somente pode ser compreendida e explicada *em relação* a essa prática, em seus vínculos dialéticos com o movimento operário em cada período histórico concreto.

O primeiro eclipse da dialética: o marxismo "ortodoxo" da Segunda Internacional

O *Anti-Dühring**, de Engels, foi, em certa medida (apesar do interesse de suas extraordinárias análises sociológicas), o precursor de uma corrente positi-

---

[32] Utilizaremos, portanto, todos os textos de Goldmann que tenham relação com esse problema para identificar as respostas que ele formula. Além disso, a periodização que propomos da história contemporânea da visão dialética é apenas um *esquema* teórico, e não uma afirmação cabal.
[33] Miriam Gluksmann, "Lucien Goldmann, Humanist or Marxist?", *New Left Review*, n. 56, p. 51.
* Friedrich Engels, *Anti-Dühring* (3. ed., Rio de Janeiro, Paz e Terra, 1990). (N. T.)

vista e não dialética dentro do pensamento marxista, e não é por acaso que esse livro, mais do que os escritos de Marx, tenha se tornado o "manual do marxismo" dos quadros e dirigentes da socialdemocracia européia antes de 1914.

Essa corrente dita "ortodoxa" ou "centrista", cujos principais representantes teóricos foram Plekhanov e Kautsky[34], é muito influenciada pelo desenvolvimento do positivismo e do cientificismo no pensamento universitário, sendo o fundamento real dos dois fenômenos a relativa *estabilização* da sociedade burguesa desde o fracasso da Comuna de Paris até a Primeira Guerra Mundial. Pode-se caracterizá-la como a ideologia da burocracia dos grandes partidos formalmente marxistas da Segunda Internacional, ideologia aparentemente revolucionária, mas, na realidade, reformista, moderada e conservadora.

Essa corrente se distingue da dialética marxista em um certo número de pontos decisivos:

a) ela preconiza, como os positivistas, uma separação radical entre os julgamentos de fato e os julgamentos de valor, a ciência e a ética (ou a prática política). Para Plekhanov e Kautsky, o marxismo é uma ciência "objetiva", no indicativo, semelhante às ciências naturais. A unidade dialética entre teoria e práxis é, assim, rompida;

b) o complemento prático dessa "ciência marxista" seria a política concebida como técnica social, cuja relação com a ciência objetiva da sociedade seria a mesma que a relação da técnica material com as ciências da natureza. (Para a corrente oposta, neokantiana – Berstein, Vorländer etc. –, que também parte da separação entre fatos e valores, o complemento é "a ética": o socialismo como imperativo moral);

c) a corrente "ortodoxa" tende a desprezar as origens hegelianas do marxismo para buscar em Marx precursores ou correspondentes não dialéticos, científico-naturalistas, ou materialistas mecanicistas: Darwin, segundo Kautsky; Spinoza, Feuerbach e os materialistas do século XVIII, segundo Plekhanov etc. A isso corresponde uma versão materialista vulgar e economicista da história enquanto evolução *inevitável* e necessária rumo ao socialismo.

---

[34] Às vezes, Goldmann menciona também Mehring, mas parece-nos que por posições políticas radicais – adesão ao grupo espartaquista desde 1914 – ele não é típico dessa corrente.

As filosofias que salientam a ligação entre Hegel e Marx, como a de Labriola, são casos excepcionais e isolados; os pensadores e dirigentes cuja obra política tem um caráter implicitamente mais dialético, como Lenin, Rosa Luxemburgo e Trotski, são relativamente minoritários no seio do movimento operário (com exceção do ano de 1905).

A expansão da dialética revolucionária

Logo após a crise européia, que começa com a Primeira Guerra Mundial e atinge seu ápice na Revolução de Outubro, assiste-se ao renascimento do pensamento dialético no marxismo[35]. Na realidade, a dialética sempre esteve ligada ao problema da revolução (iminente, passada ou presente): ela nasceu com Hegel a partir da Revolução Francesa, transformou-se em dialética materialista com Marx às vésperas da Revolução de 1848, e reapareceu no pensamento marxista às vésperas e logo após a Revolução de 1917. Por quê? Porque, no momento das revoluções, o processo de transformação está na própria realidade: os sujeitos históricos agem e estão mudando a sociedade. É a negação, na prática, da ideologia positivista e do materialismo contemplativo, que reduzem os homens a objetos com os quais se faz a ciência natural ou que se manipula por meio de uma "técnica social".

O primeiro sinal da virada são os *Cahiers philosophiques* [Cadernos filosóficos] de Lenin, em 1914, obra que redescobre a dialética hegeliana.

No período que se inicia em 1917, vemos Lenin, Rosa Luxemburgo e Trotski desempenhar um papel político importante e até chegar à direção de amplas frações do movimento operário internacional. Foi nesse momento que Lenin escreveu sua melhor obra política, *O Estado e a Revolução*[*], que opõe a dialética revolucionária ao evolucionismo de Kautsky.

---

[35] Entretanto, essa tese não deve ser compreendida de modo esquemático e dogmático: mesmo em período de eclipse da revolução, a dialética existe no estado prático e teórico na obra dos grandes revolucionários. Cf., em relação a isso, Lenin, Trotski, Rosa Luxemburgo.

[*] Vladimir Ilitch Lenin, *O Estado e a Revolução* (trad. Aristides Lobo, São Paulo, Expressão Popular, 2007). (N. T.)

Por outro lado, no início da década de 1920, Lukács e Korsh tornaram-se líderes de uma escola filosófica e científica extraordinariamente desenvolvida e vigorosa, cujo impacto e influência sobre o pensamento marxista do período é considerável.

Por fim, última manifestação da corrente dialética, Gramsci, fundador do Partido Comunista italiano e inspirador dos Conselhos operários de Turim, em 1919, desenvolveu, em seus *Cadernos do cárcere*[*] (1927-1935), uma concepção humanista e historicista do marxismo, definido como *filosofia da práxis*.

A obra teórica desse período que representa o mais alto nível da dialética marxista é, sem dúvida, a *História e consciência de classe*, de 1923. Amigo de Lask, discípulo de Max Weber, formado na escola neokantiana de Heidelberg, Georg Lukács torna-se marxista após a revolução de 1917 e escreve esse livro, que constitui uma verdadeira enciclopédia das ciências sociais e da filosofia marxistas. O próprio título da obra resume a tese central da dialética lukacsiana: a identidade entre o sujeito (a consciência de classe) e o objeto (a história)[36]. Quando o proletariado pensa a sociedade capitalista, toma, com isso, consciência de si e orienta-se para a revolução; assim, a análise marxista do capitalismo é ao mesmo tempo *ciência do objeto* e *consciência do sujeito*. Da mesma maneira, no plano prático, quando os homens fazem a história e transformam a sociedade, eles se transformam e transformam sua consciência, sendo, de tal forma, ao mesmo tempo o sujeito e o objeto de sua própria ação.

Para Lukács, o proletariado revolucionário, sujeito-objeto da história, tende a se identificar com a Humanidade e a suprimir as classes; ele se acha, por conseqüência, numa situação ímpar em relação a todas as classes revolucionárias que o precederam, porque é a única classe que pode fazer uma revolução não para garantir certos privilégios, mas para se abolir enquanto classe e abolir ao mesmo tempo qualquer privilégio de classe. O proletariado é, portanto, uma força revolucionária "interna", constitutiva do próprio objeto que quer transformar (a sociedade burguesa): é a partir dessa premissa política fundamental

---

[*] Antonio Gramsci, *Cadernos do cárcere* (trad. Carlos Nelson Coutinho, 6 v., Rio de Janeiro, Civilização Brasileira, 2001-2002). (N. T.)

[36] Para Goldmann, Lukács comete um erro idealista de inspiração hegeliana ao afirmar que essa identidade é *total*.

que Lukács vai recusar ao mesmo tempo o moralismo neokantiano dos revisionistas e o reformismo mecanicista do centro "ortodoxo".

A verdade universal de nossa época é a consciência "atribuída" (*Zugerechnetes Bewusstsein*) do proletariado revolucionário, ou seja, a consciência limite que corresponde aos interesses históricos e à situação objetiva da classe. Verdade esta que se identifica com o marxismo e que é, como toda verdade concreta, histórica e destinada a ser *superada* após o desaparecimento das classes sociais e o advento do "reino da liberdade"[37].

Apesar de suas reservas em relação à idéia do proletariado revolucionário (que ele considerava ligado à conjuntura histórica dos anos 1917-1923), Goldmann fez dos quatro conceitos-chave de *História e consciência de classe* – a identidade sujeito-objeto, a consciência possível, a reificação e a totalidade – o ponto de partida metodológico de toda a sua obra.

Segundo eclipse da dialética: o stalinismo

A relativa estabilização do capitalismo após 1924 (a insurreição de Hamburgo, em 1923, foi o último eco da grande onda revolucionária desencadeada em 1917) e a expansão da burocracia na URSS cercada – aliás, os dois fenômenos estão estreitamente ligados – necessariamente tiveram repercussões nos planos político e teórico no interior do campo marxista. As idéias de Rosa Luxemburgo foram banidas, as de Lenin foram esvaziadas de sua substância revolucionária, Trotski foi eliminado da cena política, Lukács fez sua autocrítica e Korsh perdeu toda a sua influência. A dialética desapareceu do pensamento filosófico e político ou sobreviveu apenas de forma marginal e pouco importante. O pensamento marxista foi dominado por uma nova "ortodoxia", metafísica e dogmática: o stalinismo, que, como corrente "centrista" da Segunda Internacional, é revolucionário em aparência, mas na realidade defensivo e conservador.

Ao mesmo tempo que evoca Marx a seu favor, o stalinismo descende sobretudo, em linha direta, de Lassalle, cuja ideologia e prática se caracterizam por:

---

[37] Ver o capítulo "A mudança de função do materialismo histórico", em *História e consciência de classe*, cit.

a) uma organização disciplinada, hierarquizada e extremamente autoritária do partido operário;

b) uma ideologia fortemente estadista, e que cultiva a personalidade do chefe (Lassalle);

c) uma política de aliança com forças reacionárias (Bismarck) contra a burguesia liberal.

Por conseguinte, é preciso contestar, como insistentemente ressalta Goldmann, "a lenda que se esforçou para impor o stalinismo a partir de uma linha simples e direta Marx–Lenin–Stalin"[38], lenda que tenta ocultar ideologicamente o abismo que separa o pensamento de Marx ou de Lenin de sua caricatura burocrática, e que tenta eliminar do campo teórico os pensadores que permaneceram fiéis ao espírito do marxismo: Rosa Luxemburgo, Trotski etc.

Pode-se caracterizar o stalinismo como um poder bonapartista que subordina os interesses fundamentais das classes operárias dos países capitalistas aos interesses imediatos das organizações estatais de caráter proletário (tais como a burocracia as concebe). A hegemonia da corrente stalinista na URSS e em grande parte do movimento operário internacional desenvolveu-se por meio de um certo número de etapas:

1. a estabilização na Europa, o refluxo da onda revolucionária e o fim das esperanças de uma expansão rápida da Revolução Russa permitiram, após 1924, a eliminação da corrente trotskista, que apostava na revolução permanente. Em seguida, veio um período (1924-1929) que se poderia chamar de stalinista-bukharinista, de edificação lenta do socialismo ("a passo de tartaruga", segundo a célebre expressão de Bukharin) em um Estado ditatorial que mantinha certa estrutura legal. A política dessa etapa é a de alianças com setores camponeses e burgueses no interior (os *kulaks*) e no exterior (o *Kuomintang* de Chiang Kai-shek);

2. com a ruptura de Chiang Kai-shek, em 1927, o aumento das tensões com o Ocidente, o isolamento da URSS e a pressão dos *kulaks* no interior, houve a grande guinada de 1929, que levou à eliminação de Bukharin e da oposição de direita, à coletivização agrícola e à industrialização forçada. É o início do stalinismo no sentido estrito, cuja política, durante essa época, seria a luta prioritá-

---

[38] Lucien Goldmann, *Recherches dialectiques*, p. 277.

ria contra a socialdemocracia, batizada de "social-fascismo", e a recusa de qualquer frente comum contra o nazismo;

3. a vitória de Hitler, em 1933, levou Stalin a uma política de manobras diplomáticas que visava dividir a burguesia, com alianças ora com um, ora com outro bloco de potências capitalistas: com os democratas burgueses de 1936 a 1939; com a Alemanha nazista de 1939 a 1941; e novamente com as democracias capitalistas de 1941 a 1948. Para a burocracia stalinista, a principal condição para dividir a burguesia era não deixar que em nenhum lugar se desenvolvesse um movimento revolucionário que pudesse unir as diferentes frações e potências burguesas. A revolução era perigosa para a URSS porque unia a burguesia: tratava-se então de impedir a qualquer preço, em toda parte, o que pudesse constituir um perigo revolucionário. Por exemplo, na Espanha, de 1936 a 1938, a política da URSS foi manter o movimento revolucionário no âmbito burguês-democrático da Frente Popular, para evitar o risco de uma aproximação das democracias capitalistas com a Alemanha (que poderia resultar da vitória de uma revolução socialista espanhola).

Para realizar essa política, o comando stalinista precisava de um novo tipo de burocrata, capaz de "fazer e dizer o contrário do que se pensa e do que se faz, de se apresentar como revolucionário e ao mesmo tempo evitar estratégica e taticamente qualquer movimento revolucionário que possa assustar a burguesia"[39]; enfim, capaz de aceitar alianças táticas até mesmo com o nazismo. Os velhos bolcheviques que ainda se encontravam nos órgãos do partido soviético, do Exército Vermelho e da Internacional, não eram considerados de absoluta confiança para realizar essa política e constituíam, então, um perigo potencial para a burocracia stalinista: daí os expurgos sangrentos dos anos 1936 a 1939: "Tratava-se, para Stalin, de substituir (no momento em que a crise se tornava aguda às vésperas da guerra, no momento em que se dirigiam para o pacto germano-soviético) esses velhos bolcheviques que, em algum momento, poderiam recuar"[40].

A vitória da revolução chinesa, em 1949, e o fato de a URSS possuir a bomba atômica tornaram anacrônicos certos aspectos dessa política, o que permitiu assim a chamada "desestalinização".

---

[39] Idem, "Révolution et bureaucratie", *L'Homme et la Société*, p. 89.
[40] Ibidem, p. 90.

No plano ideológico, o stalinismo caracteriza-se por uma escolástica dogmática e por um materialismo "objetivista" pré-dialético, cuja expressão mais marcante e mais completa são os escritos do próprio Stalin. Por exemplo, em seu livrinho sobre a economia da URSS, de 1951, Stalin proclama categoricamente que as leis sociais têm um caráter tão "objetivo" e constrangedor quanto as leis naturais, *tanto na sociedade capitalista como na socialista*. O problema da transição para uma liberdade crescente, para um papel mais importante da consciência sobre a vida social e econômica, no socialismo, é eliminado, portanto, em benefício de uma concepção passiva e mecanicista das leis socioeconômicas consideradas homólogas às leis naturais, e que se pode, no máximo, utilizar pela técnica, mas não modificar.

Sob uma forma teórica nova e específica, Althusser na verdade não reata com esse stalinismo teórico?

Diante da estabilização capitalista e da instauração do stalinismo, qual foi a reação dos pensadores dialéticos? A capitulação com muitas reservas ou o protesto moral; essas duas vias foram personificadas por dois grandes pensadores marxistas: Lukács e Marcuse.

Tendo feito sua autocrítica e renegado sua obra de 1923, Lukács retrai-se em um longo silêncio, que expressa uma espécie de "via intermediária" entre a aceitação do compromisso e a recusa de participar ativamente. Foi somente com a chegada dos nazistas ao poder e com a guinada antifascista da URSS que ele retomou suas publicações e aderiu realmente ao comunismo stalinista; não como apologista incondicional, mas acreditando que, como o reinado de Napoleão fora, apesar de tudo, uma etapa da luta entre a Revolução Francesa e a reação feudal, o bonapartismo stalinista representava, não obstante tudo que pudesse recriminá-lo, a força decisiva na luta contra a reação e o fascismo[41]. Nesse sentido, Lukács considerava sua atitude em relação ao bonapartismo stalinista análoga, em um contexto diferente, à de Hegel e de Goethe, primeiros pensadores dialéticos em relação ao regime bonapartista proveniente da revolução de 1789. Goethe não mostra em *Fausto* que o pacto com o diabo é o caminho que leva ao céu?

Inteiramente diferente é o itinerário filosófico-político de Marcuse. Ligado durante os anos 1920 à revista teórica *Die Gesellschaft*, da socialdemocracia

---

[41] Lucien Goldmann, "Kierkegaard", em *Kierkegaard vivant*, p. 157.

alemã, ele desenvolveu uma posição dialética muito próxima à de Lukács e de Korsch. No entanto, com a derrota do operariado alemão e a expansão do fascismo, ele não adere a nenhum partido e continua sendo, como seus colegas do Instituto de Pesquisas de Frankfurt (Adorno, Horkheimer, Walter Benjamin etc.), um intelectual independente. Segundo Goldmann, sua filosofia durante esse período, tal como é expressa em seus artigos na célebre revista do Instituto e em sua notável obra de 1941, *Razão e revolução**, tornou-se, em certa medida, apesar da linguagem hegeliana, uma volta a Kant e Fichte. Ou seja, uma posição de crítica moral e racionalista em relação à realidade social, uma oposição radical, mas dualista, entre a opressão e a liberdade, o existente e o ideal, o que é e o que deve ser, entre o empírico e o racional, o dado e o utópico.

Possibilidades atuais de um renascimento do pensamento dialético

O pensamento dialético é sempre monista; supõe unidade entre a teoria crítica e a prática social, ou seja, a existência de uma força social real, um sujeito da história capaz de criticar, opor-se, contestar a ordem estabelecida, tornar seu o projeto revolucionário da teoria.

Em sua obra de grande repercussão, *A ideologia da sociedade industrial: o homem unidimensional***, de 1964, Marcuse desenvolve uma crítica *radical* e *coerente* da sociedade de consumo capitalista, da manipulação das consciências que tende a suprimir qualquer exigência de superação do dado e a criar um homem unidimensional que conheça apenas duas formas de comportamento: a execução das decisões tomadas por outros e o consumo. No entanto, a crítica profundamente pessimista de Marcuse pressupunha uma estabilização profunda das sociedades industriais e a ausência de forças importantes de contestação no interior dessas sociedades. Ora, o imenso sucesso de seu livro entre a juventude estudantil prova, paradoxalmente, que ele estava enganado com relação a esse pessimismo e que um conjunto de forças oposicionistas e críticas estava se am-

---

* Herbert Marcuse, *Razão e revolução* (trad. Marília Barroso, 5. ed., Rio de Janeiro, Paz e Terra, 2004). (N. T.)
** Idem, *A ideologia da sociedade industrial: o homem unidimensional* (trad. Giasone Rebuá, 6. ed., Rio de Janeiro, Zahar, 1982). (N. T.)

pliando *realmente* no seio das sociedades capitalistas avançadas – forças cujos desejos, aspirações e ideais sua obra foi uma das únicas a formular[42].

A descoberta dessas forças é uma tarefa essencial para o pensamento dialético, que não se limita à crítica racional ou à vontade revolucionária subjetiva, mas pergunta-se sempre qual é na realidade, no objeto, na sociedade, o sujeito possível da transformação.

Durante todo um período (1960-1968), Goldmann viu na "nova classe operária" (ou nova classe média assalariada), isto é, nos operários qualificados, nos especialistas, nos técnicos, nos universitários assalariados, essa nova força de contestação. Ao contrário do proletariado tradicional, integrado na sociedade de consumo e não revolucionário, essa nova classe operária volta-se para reivindicações qualitativas e não quantitativas; ela se ressente cada vez mais da exclusão de qualquer participação nas decisões, do status de simples executante; ela tende a propor o problema da *autogestão* democrática das empresas e, conseqüentemente, de uma transformação radical das estruturas econômicas e sociais. A autogestão operária surge assim como a única alternativa socialista autêntica a uma sociedade tecnocrática desumana e autoritária.

No entanto, segundo Goldmann, essa hipótese implica uma nova estratégia, o "reformismo revolucionário", muito diferente da concepção marxista tradicional da revolução: mais do que uma revolução política *anterior* às transformações econômicas, trata-se de realizar gradualmente um conjunto de transformações econômicas que devem redundar *posteriormente* em uma transformação política, violenta ou não. Nessa nova estratégia, conquistas qualitativas orientadas para o controle da produção e para a autogestão não mais supõem necessariamente uma conquista prévia do poder, e a marcha para o socialismo provavelmente seguirá um caminho análogo ao desenvolvimento da burguesia no interior da sociedade feudal: primeiro, a conquista do poder econômico e, em seguida, a do poder político, pela revolução (Inglaterra, França) ou por reformas (Itália, Alemanha)[43].

Dito isso, Goldmann não ignora os problemas que esse "reformismo revolucionário" implica e, em um artigo de 1966, enfatiza que os pensadores que preconizam essa estratégia, na medida em que são realmente socialistas,

---

[42] Lucien Goldmann, *Marxisme et sciences humaines*, p. 285-7.
[43] Ibidem, p. 352-3.

sabem que a nova perspectiva que defendem implica um risco considerável de compromisso e de integração com a ordem existente. Sabem que o risco de corrupção está ligado a qualquer prática reformista, independentemente de sua natureza, e que só é possível opor-se a isso, entre outras coisas, pela recusa radical do menor compromisso psíquico ou intelectual com a sociedade tecnocrática em construção.[44]

Após os acontecimentos de Maio de 1968 (e após sua última viagem aos Estados Unidos), como já mencionamos, Goldmann começou a pôr em questão essa teoria ou, pelo menos, a fazer nela uma série de correções. Antes de mais nada, ele salienta que, ao lado da nova classe operária, toda uma série de camadas, grupos e classes sociais se mobilizou para lutar contra a sociedade burguesa nos países industriais avançados: os estudantes em conflito com o sistema educacional autoritário e anacrônico, a ala radical dos intelectuais, as minorias étnicas, a enorme massa de *paupers* que se desenvolve nas grandes cidades americanas (Nova York, Chicago), a pequena burguesia atingida pelas transformações sociais em curso e, *last but not least*, o próprio *proletariado tradicional*. Sem aceitar inteiramente a tese marxista do proletariado revolucionário, Goldmann constata agora que, de junho de 1848 a maio de 1968, a classe operária interveio de maneira ativa e como força oposicionista sempre que houve uma crise revolucionária (salvo quando suas organizações burocráticas, socialdemocratas ou stalinistas, a impediram)[45].

Por outro lado, ele reanalisa o problema "reforma ou revolução", sempre no quadro do modelo analógico com a expansão da burguesia, e ressalta a superioridade, do ponto de vista do socialismo, dos valores humanistas e da democracia, da via revolucionária (a via "francesa") em direção à autogestão. A via reformista (que foi a da burguesia alemã no século XIX) dos compromissos conservadores, das transformações vindas de cima, só terá como resultado provável a participação de uma elite técnica muito pequena na gestão econômica, sem que haja uma verdadeira transformação socialista. O fascismo italiano e alemão, nos países em que a burguesia chegou ao poder pela via das reformas autoritárias, mostra os perigos que poderão ameaçar as sociedades em que a autogestão não for imposta por um movimento revolucionário com

---

[44] Idem, "Le théâtre de Genet", em *Structures mentales et création culturelle*, p. 338.

[45] Idem, *Marxisme et sciences humaines*, p. 9.

participação popular maciça. Daí a importância, para Goldmann, das correntes esquerdistas que se manifestaram em Maio de 1968, apesar do caráter, segundo ele, "utópico, ao mesmo tempo ingênuo e generoso" de sua ideologia: enquanto forças históricas que começam a se manifestar, elas poderão ter uma influência decisiva sobre a maneira como se darão as transformações socioeconômicas necessárias[46].

Seja como for, Goldmann estava profundamente convencido – como, aliás, deixam perceber alguns de seus artigos – do renascimento do pensamento dialético depois de Maio de 1968, pensamento ao qual toda a sua obra é consagrada.

---

[46] Idem, *La création culturelle et société moderne*, p. 170.

V

Conclusão

Na verdade, ao longo de nosso comentário, tentamos muito mais *transcrever* a argumentação goldmanniana do que fornecer uma interpretação particular. Neste trabalho de apresentação, preferimos deixar o próprio Goldmann falar, não só na quietude das aspas, mas também no corpo da argumentação. Assim, sua presença transborda o quadro que o comentário gostaria de lhe assinalar. Trata-se de uma escolha, e nós a assumimos. E é por isso também que não desejamos concluir.

Gostaríamos que, para além do resumo e da apresentação feita aqui (que sabemos ter um caráter fragmentado), esse pensamento continuasse fora destas páginas, *em direção a seu ponto de partida*, ou seja, que fosse retomado, se instalasse e se desdobrasse em suas conseqüências. Esse lugar de surgimento, que talvez seja seu destino, é a *atualidade* histórica e suas inúmeras questões tenazes e sempre novas. A obra de Goldmann é profundamente enraizada no atual, no real, na história. E dessa história, desse real, desse atual, ela tem como missão e sempre teve como regra de conduta distinguir os possíveis objetivos, e também identificar seus questionamentos subjetivos.

A atualidade da obra de Goldmann é a de uma obra que tem *alcance* histórico. E nada obscurecerá esse alcance histórico. Ele preserva uma herança de Hegel, de Marx, do jovem Lukács, de Gramsci. E também a enriquece, o que a torna preciosa e cheia de promessas.

Jean Genet (1910-1986), autor de *Os negros*, recebeu em 1983 o Grande Prêmio Nacional, mais importante titulação literária francesa.

Textos escolhidos

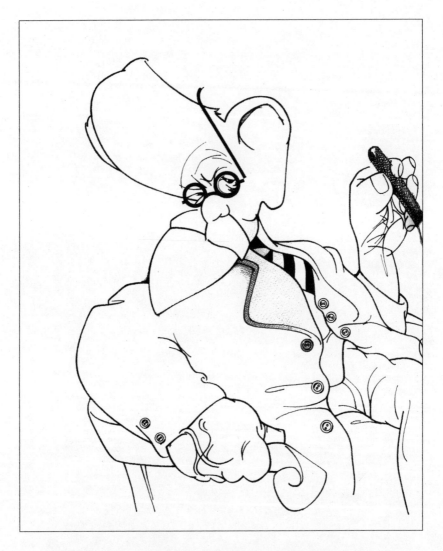

Sigmund Freud (1856-1939), no traço de Loredano. Para Goldmann, o que opõe Freud a Marx é a ausência da categoria *futuro* na argumentação freudiana.

Heidegger e Lukács

[...] Vejamos o que as duas trajetórias têm em comum e em que se opõem: o ser e a história de Heidegger situam-se no nível ontológico; no máximo, o filósofo vai nos dizer diversas vezes que a participação nessa ontologia é indispensável para se orientar teórica e praticamente na vida cotidiana, para se compreender com suas possibilidades enquanto ser-no-mundo. Mas tudo isso, ou seja, a ciência e a política não são do domínio do filósofo e da ontologia, mesmo que essa ontologia lhe permita, enquanto indivíduo, tomar posições no dia-a-dia enquanto cientista ou político. Heidegger, que não tinha interesse pela ciência, tinha interesse, ao contrário, pela política. Valendo-se dessa ontologia, tornou-se um dos principais arautos do nacional-socialismo. Lukács, ao contrário, não aceitava separações radicais entre o ôntico e o ontológico, entre os problemas imediatos e a filosofia e, se pudesse haver primazia, ele a daria ao primeiro, mas, precisamente, não é possível se orientar no plano científico ou no plano político sem inserir o imediato no mediato, a parte no todo, o indivíduo na classe, a classe na sociedade, a sociedade na história. Foi, então, a partir da preocupação de dar respostas válidas aos problemas imediatos que ele foi obrigado a abordar os problemas filosóficos e, uma vez que esses problemas são particularmente difíceis, sobretudo no momento em que ele escrevia e em que era preciso romper com uma longa tradição positivista e dualista do racionalismo, do empirismo e até mesmo do pensamento de Kant, ele se tornou filósofo e acabou escrevendo, já que Marx não o fizera, a primeira grande obra propriamente filosófica sobre a dialética.

Acrescentarei que, além da afinidade e da oposição teóricas que são objeto da presente obra, há uma afinidade e uma oposição análogas entre as tomadas de posição políticas dos dois pensadores, ou seja, entre as relações de Heidegger com o nacional-socialismo e as de Lukács com o stalinismo. Como se sabe, cada um estava ligado a uma ditadura política a partir de sua respectiva análise global do sentido da história. E essa adesão a duas ditaduras diferentes e opostas tinha, nos dois casos, uma estrutura análoga: para Heidegger, assim como para Lukács, o sentido da totalidade (ou do ser) manifesta-se em três planos equivalentes: o da política, o da filosofia e o da arte. A partir daí, seu engajamento não poderia se reduzir a uma adesão servil ao programa, às exigências e às ordens dos chefes políticos. Nessa perspectiva histórica, Heidegger situava-se no mesmo nível que Hitler e Lukács, no mesmo nível que Stalin, e, como eles manifestavam a mesma totalidade no plano do conhecimento, é evidente que pensavam compreender melhor a natureza do fato político que os próprios chefes políticos. Para Heidegger, o anti-semitismo só podia ser um erro profundo e deplorável, uma vez que o biológico não tinha lugar na ontologia e não podia limitar nem favorecer em nada as possibilidades do ser-no-mundo de escolher entre o autêntico e o inautêntico.

Por outro lado, Hitler só podia ser um chefe carismático, um desses homens excepcionais que encontraram a autenticidade na dimensão política da história e que, como toda "repetição", deveria acabar retornando ao *on**, ao esquecimento da autenticidade, e isso quer dizer, politicamente, à catástrofe. Para Lukács, Stalin e o stalinismo eram apenas uma fase necessária, mas transitória da revolução, a fase bonapartista, cuja função e sentido eram defender a conquista fundamental contra os inimigos externos, ameaçadores, reacionários e poderosos.

Não é preciso dizer que nem Hitler nem Stalin podiam aceitar essas posições: para o primeiro, o anti-semitismo constituía um elemento essencial de sua política e, sobretudo, anunciava a seus adeptos uma vitória duradoura e um reinado milenar.

Quanto aos stalinistas, longe de se aceitarem como uma fase transitória, pretendiam concretizar o socialismo em um único país e constituir uma força revolucionária no mundo. Da mesma maneira, a definição do stalinismo como bonapartismo, formulada por Trotski, do qual essa era uma idéia das mais importantes, era vista quase como a suprema injúria nos meios stalinistas[1].

Inédito, 1970

---

* Em grego, no original: "o Ser". (N. E.)
[1] Extraído de *Lukacs et Heidegger*.

Classes sociais e visões do mundo

Partidários do materialismo histórico, vemos, na existência das classes sociais e na estrutura de suas relações (luta, equilíbrio, colaboração, de acordo com o país e a época histórica), o fenômeno-chave para a compreensão da realidade social passada e presente, não por razões dogmáticas de fé ou de idéias preconcebidas, mas simplesmente porque nosso próprio trabalho de pesquisa, assim como os estudos dos quais pudemos estar a par, quase sempre nos mostraram a importância excepcional desse grupo social em relação a todos os outros.

Ora, se o problema de uma definição das classes sociais é extremamente difícil e complexo, é evidente, contudo, que tal definição somente tem interesse na medida em que pode contribuir *para nos explicar essa importância*, que deve ter seu fundamento na própria estrutura da vida social. Essa é uma exigência que nem as definições citadas nem a maior parte das outras definições encontradas na sociologia contemporânea satisfazem.

Os estudos materialistas mostraram que, de qualquer maneira, para definir a classe social, é preciso considerar dois fatores que dependem um do outro, *sem serem rigorosamente idênticos*: a função na produção e as relações sociais com as outras classes. Sem querer resolver a longa discussão relacionada a esse problema e, muito menos, dar uma definição exaustiva, nós nos permitiremos salientar aqui um terceiro elemento que também depende, em grande parte, dos dois outros, mas cujo simples enunciado nos parece lançar uma luz particular sobre a importância das classes na vida da sociedade. Trata-se de um fator que se manifestou empiricamente durante nossas pesquisas sobre a sociologia do espírito.

Desde o fim da Antiguidade até os dias atuais[2], *as classes sociais constituem as infra-estruturas das visões do mundo.*

De maneira mais precisa – e antecipando um pouco os desenvolvimentos posteriores deste capítulo –, isso significa que:

---

[2] Fixamos esse limite em nossa hipótese simplesmente porque jamais estudamos o suficiente a Antiguidade para saber se, desse ponto de vista, nas sociedades antigas, a situação era análoga ou diferente.

a) *Sempre que se trata de encontrar a infra-estrutura de uma filosofia, de uma corrente literária ou artística, não chegamos a uma geração, nação ou Igreja, a uma profissão ou a qualquer outro grupo social, mas a uma classe social e às suas relações com a sociedade*;

b) *O máximo de consciência possível de uma classe social constitui sempre uma visão psicologicamente coerente do mundo, que pode se expressar no plano religioso, filosófico, literário ou artístico*[3].

Tal constatação pode, sem dúvida, ser uma simples coincidência enquanto não for explicada e comprovada empiricamente de maneira mais ou menos geral. Ainda estamos longe disso. Salientemos, no entanto, que as classes são os únicos grupos cujas escalas de valor são *específicas porque visam, cada uma delas, um ideal diferente de organização* social de conjunto, de modo que mesmo as colaborações entre classes podem ser apenas um meio provisório e temporário para atingir fins essencialmente diferentes. As classes podem estar temporariamente de acordo no plano da vida política para combater um adversário comum, por exemplo; no entanto, cada uma delas visa outro ideal de homem e de organização social.

Acrescentemos, a título de *hipótese*, que talvez se pudesse basear a distinção entre as *ideologias* e as *visões do mundo* precisamente no caráter *parcial* de umas, e por isso mesmo deformante, e *total* de outras; isso permitiria relacionar (ao menos na sociedade da Idade Média e na sociedade moderna) *as visões do mundo* às *classes sociais*, enquanto elas ainda tiverem um ideal concernente ao conjunto da comunidade humana, e as *ideologias* a *todos os outros grupos sociais* e às classes sociais *em declínio* (quando elas não fazem mais do que defender, sem muita fé nem confiança, os privilégios e as posições conquistadas).

Quanto à confirmação empírica de nossa tese, essa é evidentemente uma questão de pesquisas concretas... Mencionemos, no entanto, uma vez que Sorokin afirma que as classes sociais são características da sociedade européia somente a partir do século XVIII, o resultado esquemático de certos trabalhos

---

[3] É evidente que há também, entre as classes, fenômenos de transição que se refletem no plano ideológico. Ver, por exemplo, as famosas análises de Lenin sobre a aristocracia operária e suas relações com a ideologia reformista. Mas, precisamente, como a aristocracia operária não é uma classe, o reformismo, por mais importante que seja enquanto fenômeno ideológico, não é uma *visão do mundo*. Há uma política e uma sociologia, mas não uma ética, uma estética e uma epistemologia reformistas.

de Bénichou e de nossos próprios trabalhos sobre a vida intelectual do século XVII na França. Parece-nos, em primeiro lugar, que se o século XVII representa, ao mesmo tempo, o apogeu do poder monárquico e um dos ápices da criação literária e filosófica na França; os dois fatos encontram sua explicação no equilíbrio real entre as classes sociais, equilíbrio que, de um lado, permitia uma liberdade muito grande de movimento ao poder real e, de outro, tornava inatuais as preocupações de transformação imediata da sociedade, favorecendo assim uma expressão puramente teórica e literária das visões do mundo das diferentes classes sociais. É porque as preocupações práticas estavam longe e a sociedade era um equilíbrio real das diferentes classes sociais – que, ao mesmo tempo que se opunham, tinham cada uma seu lugar preciso na sociedade naquele momento – que as visões do mundo eram, mais do que nunca, "visões" no sentido próprio da palavra; porque não se sentia ainda a urgência objetiva da ação, podia-se expressá-las com tamanha precisão nos planos do pensamento e da imaginação.

Tentemos expor de maneira esquemática os vínculos entre as diversas classes, as visões do mundo que lhes correspondem e suas principais expressões no plano da filosofia e da literatura. Durante séculos, a monarquia francesa desenvolveu-se por uma colaboração de fato (se bem que nem sempre livre e voluntária) entre o terceiro estado e a realeza, que lutavam juntos contra a nobreza feudal. De modo geral, é possível dizer que, nessa colaboração, o terceiro estado fornecia ao rei o dinheiro que lhe permitia manter um exército e combater os senhores. Essa situação fez da venda de cargos, entre outras coisas, um maravilhoso critério de seleção para o recrutamento de funcionários. Somente podiam e queriam comprá-los aqueles que dispunham de dinheiro: os plebeus enriquecidos, fiéis ao rei e hostis aos senhores por interesse de classe. Só que, como veremos adiante, essa harmonia entre a monarquia e seus funcionários de origem plebéia – a gente de toga – desapareceu no dia em que a aliança entre a realeza e o terceiro estado acabou, sob o reinado de Luís XIV. De Montaigne a Pascal, a evolução da nobreza de toga é considerável, e *La logique* [A lógica] de Port-Royal critica o primeiro por ter "achado" que a função de conselheiro do Parlamento "o rebaixe um pouco", pois

> tendo tido a preocupação muito útil de nos advertir em duas passagens de seu livro que ele tinha um pajem que era um oficial muito pouco útil na casa de um nobre

de 6 mil libras de renda, ele não teve a mesma preocupação de nos dizer que tivera também um escriturário que fora conselheiro do Parlamento de Bordeaux. [...] No entanto, possivelmente não nos esconderia essa circunstância de sua vida se encontrasse algum marechal de França que tivesse sido conselheiro de Bordeaux.[4]

Durante a infância de Luís XIV, houve um acontecimento que marcou uma virada na história da França: a Fronda. Por um instante, essa sublevação pareceu perigosa porque resultava da conjunção momentânea das últimas forças do passado: a revolta dos príncipes, e do primeiro movimento da grande força revolucionária do futuro: o terceiro estado. A esses dois fatores, é preciso acrescentar o movimento do Parlamento, da gente de toga que teve a ilusão de poder encabeçar a sublevação e desempenhar o papel de árbitro entre o povo e os príncipes. No entanto, o perigo não era real, pois a coalizão era muito díspar. A monarquia logo descobriria, exatamente por causa dessas oposições, ser o fator decisivo da balança e, como tal, mais poderosa do que nunca. Entretanto, sua posição e, com ela, sua política, mudou. Ela não era mais aliada de uma classe contra outra, mas – por pouco tempo – uma força externa que se punha fora e acima destas. Isso se expressa, entre outras coisas, em um fato externo: a mudança da residência real. O rei do terceiro estado não estava em parte alguma mais seguro do que em sua agradável cidade de Paris. A Fronda o fez compreender que uma aliança efetiva havia acabado. O Rei-Sol foi morar em Versalhes, a distâncias iguais entre as cidades dos plebeus e os campos dos senhores. É preciso dizer também, de uma vez por todas, que a criação da corte de Versalhes, com sua pompa e etiqueta, não era um simples fato cultural e, muito menos, um capricho de Luís XIV; foi, antes de mais nada, uma medida política genial, análoga à da venda de cargos. Esta havia permitido constituir um quadro de funcionários provenientes do terceiro estado, aquela permitiu manter os senhores longe de suas terras, onde podiam voltar a tornar-se focos de oposição, e vinculá-los, por meio de grandes vantagens financeiras, à pessoa do rei e aos interesses da monarquia, acelerando assim a transformação da nobreza de espada em nobreza de corte.

Assim, vimos na França, sob o reinado de Luís XIV, pelo menos cinco classes *que se expressavam no plano filosófico e literário*, ou seja, os grandes senhores,

---

[4] Antoine Arnauld e Pierre Nicole, *La logique ou l'art de penser*, parte III, cap. XIX.

a nobreza da corte, a gente de toga, o terceiro estado abastado e o povo mais modesto, constituído por artesãos e camponeses.

Os grandes senhores, os duques, que sentiam de maneira mais intensa do que o resto da nobreza a transformação realizada – precisamente porque o poder real que seus ancestrais possuíam e eles perderam era mais considerável –, não podiam se contentar nem mesmo em conviver com a sociedade burguesa que estava se constituindo. Esta lhes parecia um mundo de egoísmo e de ambições mesquinhas. Essa proximidade do real concreto que os invadia, esse não simétrico ao sim dos filósofos do século XVIII, que estavam muito próximos de uma realidade social a qual combatiam com uma exigência de transformação imediata, impediam os grandes senhores do século XVII, como impediriam os escritores do terceiro estado no século XVIII, de se exprimir por meio da criação de um mundo conceitual ou imaginário. A realidade era demasiado próxima e, para os senhores, demasiado insuficiente e poderosa ao mesmo tempo, para compreenderem-na além do dado imediato, evento ou psicologia. Esse é o pano de fundo social das *Memórias** do duque de Saint-Simon e das *Máximas*** do duque da Rochefoucauld.

Já analisamos a situação da nobreza da corte. Vida de prazer contínuo, moral sexual mais livre do que em todas as outras classes, igualdade entre mulher e homem, aceitação da sociedade monárquica, em que cada classe tem seu lugar, com a condição de que a nobreza mantenha o seu, que lhe parecia predominante. O epicurismo dessa classe se expressa, no plano filosófico, na obra de Gassendi; o conjunto de sua visão, no plano literário, nos escritos de Molière[5]. Mencionemos os principais. *O avarento**** é a sátira do burguês como tal, cujo principal defeito, da perspectiva da nobreza da corte, era acumular dinheiro,

---

* Louis de Rouvroy, duque de Saint-Simon, *A corte de Luís XIV, memórias de um cortesão* (trad. Miroel Silveira e Isa Silveira Leal, Rio de Janeiro, José Olympio, 1944). (N. T.)

** François de La Rochefoucauld, *Máximas e reflexões* (trad. Leda Tenório da Motta, Rio de Janeiro, Imago, 1994). (N. T.)

[5] Ver, a propósito das comédias de Molière, P. Bénichou, *Morales du grand siècle* (Paris, Gallimard, 1960).

*** Jean-Baptiste Molière, *O avarento* (trad. Bandeira Duarte, Rio de Janeiro, Ediouro, 1996). (N. T.)

fazer dele um fim em si, em vez de gastá-lo. *O tartufo*[*] é a sátira do padre que, com suas exigências cristãs, penetra na vida dos leigos e, para as pessoas da corte, só pode ser um hipócrita perigoso e interesseiro. *O misantropo* é o jansenismo visto da perspectiva das pessoas da corte. A austeridade, a exigência de absoluto por parte dos jansenistas, seu retiro no "deserto" de Port-Royal-des-Champs talvez sejam belos e grandiosos, mas, em todo caso, exagerados e desprovidos de bom senso, ou seja, de compreensão da vida real com suas exigências. *Don Juan*[**], a quarta comédia de costumes, é a sátira de algumas cabeças insanas que erigiam, na corte, o ateísmo e o epicurismo em sistema explícito e agressivo. Aliás, percebe-se nessa peça (ver, por exemplo, a cena em que don Juan salva a vida de don Carlos e se apresenta aos irmãos de Elvira, que o procuram para vingar sua honra) que a atitude de Molière, em relação ao seu herói, é essencialmente diferente daquela que ele tem em relação a Harpagon, Tartufo e mesmo Alceste. Da mesma maneira, vê-se com que facilidade se inserem nessa perspectiva as outras peças de Molière: *O anfitrião, Escola de mulheres, A escola de maridos, O burguês fidalgo*[***], *George Dandin* etc.

Acrescentemos ainda que essa análise lança certa luz sobre a infra-estrutura social da casuística na França, no século XVII. É pouco provável que os jesuítas tenham sido, eles próprios, pessoas libertinas. Por que, então, adotaram a casuística tão pouco cristã que Pascal fustigou nas *Provinciales* [Provinciais]? Estamos indo longe demais ao levantar a hipótese de que esse era o único meio de conservar sua influência sobre os senhores da corte? Diante da impossibilidade de transformar sua vida e sua mentalidade, resultado de suas condições de existência, não havia outra maneira, caso se quisesse manter seu vínculo, senão adaptar a carta dos preceitos cristãos ao seu espírito e modo de vida.

---

[*] Idem, *O tartufo / O misantropo* (trad. de Jenny Klabin Segall, São Paulo, Martins Fontes, 2005). (N. T.)

[**] Idem, *Don Juan: o convidado de pedra* (trad. e adapt. Millôr Fernandes, Porto Alegre, L&PM, 2002). (N. T.)

[***] Idem, *O anfitrião* (trad. Guedes de Oliveira, Rio de Janeiro, Livraria O Globo, 1927); *Escola de mulheres* (trad. Millôr Fernandes, Rio de Janeiro, Paz e Terra, 1996); *A escola de maridos* (trad. de Jenny Klabin Segall, São Paulo, Martins Fontes, 2005); *O burguês fidalgo* (trad. Octávio Mendes Cajado, São Paulo, Abril Cultural, 1983). (N. T.)

Ao lado dos senhores da corte, outra classe se destaca: a gente de toga, em sua maioria enobrecida; nós os chamaremos de nobreza de toga. De origem plebéia, exercendo funções sociais efetivas, ao contrário da nobreza da corte, olhavam esta com um desdém mesclado de inveja por sua pompa e situação privilegiada. Vivendo não só em Paris, mas sobretudo no interior e, em razão de sua vida cotidiana e de seus negócios, misturados aos plebeus, sendo muitas vezes aparentados, o individualismo racionalista da burguesia exerce sobre eles uma sedução indiscutível (alguns deles se tornariam matemáticos famosos), mas, por outro lado, sendo sua função o elemento mais notável de sua fortuna, eram ligados demais ao Estado monárquico para poder aceitar o racionalismo até as suas últimas conseqüências. Assim, é nessa classe que se desenvolveria na França a visão trágica na qual o homem aparece dividido entre duas exigências contraditórias que o mundo não permite conciliar; essa é a idéia central dos *Pensamentos* de Pascal e das tragédias de Racine. O homem é grande e pequeno. Grande por sua consciência, por sua exigência de totalidade e de absoluto, e pequeno pela insuficiência de suas forças para realizar essa exigência. Um "caniço", mas "um caniço pensante". A única grandeza humana possível é a recusa do compromisso e, de modo implícito, a recusa do mundo e a aposta na existência de um Deus e de uma eternidade que de maneira alguma são garantidos, *Deus absconditus*, o Deus escondido para quem, diante da insuficiência dos homens, até de Port-Royal, apela Pascal. "Port-Royal teme *Ad tuum Domine Jesu tribunal appello*."

Não é preciso acrescentar que a instituição religiosa que exprimia as conseqüências extremas dessa ideologia foi Port-Royal, cuja perseguição obstinada se explica, entre outros motivos, pela extrema susceptibilidade do Estado monárquico diante de uma ideologia que poderia influenciar os oficiais e separá-los dele.

O terceiro estado, classe ascendente, que ganhava cada vez mais poder real, radicalmente oposto à nobreza, era naturalmente otimista, individualista e, sobretudo, racionalista. O indivíduo, sua razão, sua vontade, sua glória constituíam seus valores supremos. Sua mentalidade se expressava na obra de Descartes e de Corneille, a instituição religiosa que lhe correspondia, *em parte*, era o Oratório (dizemos apenas em parte porque existia uma corrente mística no Oratório – Bérulle, Condren etc. – que era de natureza aristocrática e constituía o complemento natural do epicurismo da nobreza da corte).

Sciences humaines et philosophie, p. 108-16

A VISÃO TRÁGICA DO MUNDO

Ora, é diante desse desenvolvimento ascendente do racionalismo (desenvolvimento que continuou na França até o século XX, mas que se encontrava no século XVII numa *curva qualitativa*, uma vez que, com as obras de Descartes e de Galileu, acabava de constituir um sistema filosófico coerente e uma física matemática incomparavelmente superior à antiga física aristotélica) que, graças a um grande número de circunstâncias analisadas adiante, desenvolveu-se o pensamento jansenista que encontraria sua expressão mais coerente nas duas grandes obras trágicas de Pascal e de Racine.

É possível caracterizar a consciência trágica da época como a compreensão rigorosa e precisa do mundo novo criado pelo individualismo racionalista, com tudo que continha de positivo, precioso e, sobretudo, definitivamente conquistado pela consciência e pelo pensamento humanos, mas ao mesmo tempo como a recusa radical de aceitar esse mundo como única chance e única perspectiva do homem.

A razão[6] é um fator importante da vida humana, um fator do qual o homem se orgulha, com toda razão, e nunca mais poderá abandonar, mas ela *não é todo o homem* e, sobretudo, *não deve e não pode bastar* à vida humana; e isso, em ne-

---

[6] Gostaríamos de assinalar aqui uma dificuldade terminológica na qual esbarraram tanto Kant quanto Pascal, e que ainda hoje dificulta muito a tradução de obras filosóficas do alemão para o francês e vice-versa. O racionalismo, desde Descartes até os dias atuais, conhece apenas dois campos da consciência, o *sensível* e a *imaginação*, de um lado, e a *razão*, de outro; para os pensadores trágicos e dialéticos, o que os racionalistas denominam *razão* é apenas um campo *parcial* e *incompleto* subordinado a uma terceira faculdade sintética. Eles foram obrigados, então, a adaptar a terminologia usual ao seu pensamento. Pascal fez isso empregando a palavra *coração*, que mais tarde provocou tantos mal-entendidos quando, no século XX, foi lida no sentido habitual de afetividade; Kant manteve a palavra razão (*Vernunft*), dando-lhe o sentido de faculdade de síntese (inteiramente diferente daquele que ele tinha para o racionalismo cartesiano) e introduziu para a razão cartesiana o termo *Verstand* (entendimento). É isso que, hoje, faz o desespero dos tradutores, que dificilmente podem escrever em francês "o entendimento de Descartes ou de Voltaire" e, em alemão, "Die Cartesianische oder Voltairische Vernunft".

nhum plano, nem mesmo no que lhe parece particularmente próprio da busca da verdade científica.

Por isso, a visão trágica foi, depois do período amoral e arreligioso do empirismo e do racionalismo, uma volta à *moral* e à *religião*, desde que se tome esta última palavra em seu sentido mais amplo de *fé* num conjunto de valores que *transcendem o indivíduo*. No entanto, não se tratava ainda de um pensamento e de uma arte que pudessem substituir o mundo atomista e mecanicista da razão individual por uma *nova comunidade* e um novo *universo*.

Vista *a partir de uma perspectiva histórica*, a visão trágica é apenas uma posição de *passagem*, precisamente porque admite como definitivo e imutável o mundo – claro em aparência, mas, para ela, na realidade confuso e ambíguo – do pensamento racionalista e da sensação empírica, e porque lhe opõe somente uma nova exigência e uma nova escala de valores.

Mas essa perspectiva *histórica* lhe é precisamente estranha. Visto de seu interior, o pensamento trágico é radicalmente *anistórico*, exatamente porque lhe falta a principal dimensão temporal da história, o *futuro*.

A recusa, nessa forma absoluta e radical que ela toma no pensamento trágico, tem uma única dimensão temporal, o *presente*[7].

É possível compreender, agora, como os problemas da *comunidade* e do *universo*, ou melhor, os problemas da ausência de comunidade e do universo, os problemas da *sociedade* e do *espaço*, colocam-se para o pensamento racionalista e para o pensamento trágico. Para cada um desses dois pensamentos, o indivíduo não encontra nem no espaço nem na comunidade nenhuma norma, nenhuma direção que possa guiar seus passos. A harmonia, o acordo, se existem no plano natural e social, só podem resultar *de modo implícito* de ações e de pensamentos puramente egoístas e racionais dos homens, dos quais cada qual só leva em conta seu próprio pensamento e seu próprio julgamento.

---

[7] "O pensamento do futuro é uma tentação fina e perigosa do inimigo contrário ao Evangelho, e capaz de pôr tudo a perder, se não resistirmos a ele, e se não o rejeitarmos inteiramente sem olhar para ele, não sendo somente proibido pela palavra de Deus inquietar-se com o temporal para o futuro, mas também com o espiritual, que depende muito mais dele do que o temporal..." (M. de Barcos, *Pensées*, Paris, BNF, fragmento 12.988, p. 351-2).

Mas enquanto o racionalismo aceita e valoriza essa situação, acha a razão individual *suficiente* para alcançar valores autênticos e definitivos, ainda que seja a da *verdade matemática* – e nesse sentido ele é realmente arreligioso –, o pensamento trágico constata a *insuficiência radical* dessa sociedade humana e desse espaço físico, no qual *nenhum valor humano autêntico* tem mais fundamento *necessário* e no qual, ao contrário, todos os *não-valores* continuam possíveis e mesmo prováveis.

No lugar do espaço falso e imaginário da física aristotélica, o mecanicismo racionalista havia introduzido, com Descartes e Galileu, o espaço bem mais conhecido da física mecânica (que consideravam rigorosa e absolutamente verdadeiro), espaço instrumental que tornaria possíveis as grandes conquistas técnicas do futuro (Descartes não esperava conseguir, em poucos anos, prolongar consideravelmente a vida humana?), espaço que era indiferente *ao bem e ao mal*, espaço diante do qual o comportamento humano não podia mais conhecer outro problema além do êxito ou do fracasso técnicos, espaço do qual Poincaré certo dia diria, com toda razão, que, para compreendê-lo, é preciso separar rigorosamente os julgamentos no indicativo [o que é] e os julgamentos no imperativo [o que deve ser], espaço infinito que não possuía mais limites, porque nada mais possuía de humano.

Diante desse espaço sem qualidades, cuja própria infinidade era, para os racionalistas, um sinal da grandeza de Deus (posto que nos mostra a existência de um infinito que não podemos compreender), Pascal, prevendo ao mesmo tempo as possibilidades e os perigos que ele encerrava e negando a possibilidade de qualquer analogia entre a existência do espaço e a da divindade, escreveria num enunciado tão admirável quanto preciso: "O silêncio eterno desses espaços infinitos me apavora" (fragmento 206).

Esse fragmento está ligado à mais importante conquista científica do *racionalismo* de sua época, à descoberta do espaço geométrico infinito, e opõe a ele o silêncio de Deus. *Deus não fala mais no espaço da ciência racional* porque, para elaborá-lo, o homem teve de renunciar a toda norma verdadeiramente ética.

O problema central do pensamento trágico, problema que somente o pensamento dialético poderá resolver no plano científico e ao mesmo tempo moral, é o de saber se, nesse espaço racional que, definitivamente e sem possibilidade de voltar atrás, substituiu o universo aristotélico e tomista, ainda há um meio, uma esperança qualquer de reintegrar os valores morais supra-individuais. Se o homem poderá reencontrar Deus ou o que, para nós, é sinônimo e menos ideológico, *a comunidade* e *o universo*.

Apesar de seu conteúdo aparentemente cosmológico, o fragmento 206 tem também um conteúdo moral (ou, mais precisamente, fala da ruptura entre as realidades físicas e cosmológicas e as realidades humanas), conteúdo que Lukács retoma quando escreve, sem nenhuma referência a Pascal, mas se referindo ao homem trágico:

> Ele espera da luta entre as forças adversas um julgamento de Deus, uma sentença sobre a última verdade. Mas o mundo a sua volta segue seu próprio caminho, indiferente às perguntas e às respostas. As coisas tornaram-se todas mudas e os combates distribuem arbitrariamente, com indiferença, os louros e a derrota. Nunca mais ressoaram na marcha do destino as palavras claras dos julgamentos de Deus; era a voz deles que despertava o conjunto para a vida, agora ele deve viver sozinho, para si; a voz do juiz calou-se para sempre. É por isso que ele (o homem) será vencido – destinado a perecer – na vitória mais ainda que na derrota.[8]

A voz de Deus não fala mais ao homem de maneira imediata. Eis um dos pontos fundamentais do pensamento trágico. "*Vere tu es Deus absconditus*", escreve Pascal. O Deus escondido.

Le Dieu caché, p. 42-5

---

[8] Georges Lukács, *Die Seele und die Formen*, p. 332-3.

A APOSTA DE PASCAL

[...] As visões racionalistas e empiristas ignoravam a aposta. Se o valor supremo ao qual o homem deve aspirar é constituído pelo pensamento claro e obediente às leis racionais, então a realização dos valores não depende mais do que do próprio homem, da sua vontade, da sua razão, da sua força ou da sua fraqueza. O eu é o centro desse pensamento. *Ego cogito*, escreveu Descartes, e diante do eu de Fichte o mundo exterior perde toda realidade ontológica. (Pascal, em compensação, escreveu: "O eu é execrável"). A própria idéia de uma ajuda externa seria contraditória para uma ética racionalista, pois é precisamente na medida em que têm necessidade de uma ajuda externa que o pensamento e a vontade do indivíduo são insuficientes e se distanciam do ideal.

Da mesma maneira, caso se trate unicamente de se entregar às solicitações dos sentidos, a situação, aparentemente oposta, é na realidade análoga àquela que acabamos de descrever. Pois, nesse caso também, o indivíduo satisfaz a si mesmo. Ele pode calcular as vantagens e as desvantagens de um comportamento e não tem nenhuma necessidade de ajuda externa ou de uma aposta qualquer.

Com o pensamento dialético, nós nos encontramos diante de uma situação radicalmente diferente. O valor supremo está, agora, num ideal *objetivo* e *externo*, que se trata de realizar, mas cuja realização não depende mais exclusivamente do pensamento e da vontade do indivíduo: para Pascal, a infinidade da felicidade; para Kant, a junção da virtude e da felicidade no Soberano Bem; para Hegel, a liberdade; para Marx, a sociedade sem classes.

Sem dúvida, essas diferentes formas do soberano não são independentes da ação individual; esta última ajuda o homem a atingi-las ou a realizá-las. Mas seu alcance ou sua realização vão além do indivíduo, são resultado de inúmeras outras ações que as favorecem ou as entravam, de modo que a eficácia e o significado objetivo de qualquer ação individual escapam ao seu autor e dependem de fatores que lhe são, senão estranhos, ao menos externos.

Assim, com Pascal, três elementos entram na filosofia prática, elementos essenciais a toda ação (e isso quer dizer a toda existência humana), seja qual for a força da vontade ou do pensamento do indivíduo; três elementos fora dos quais não seria possível compreender, em sua realidade concreta, a condição humana, *o risco, o perigo de fracasso e a esperança de êxito.*

Por esse motivo, desde que a filosofia prática não é mais centrada num ideal de sabedoria individual, mas na realidade externa, na encarnação dos valores numa realidade objetiva, a vida do homem toma o aspecto de uma aposta no êxito de sua ação e, por isso mesmo, na existência de uma força transindividual cuja ajuda (ou colaboração) deve completar o esforço do indivíduo e garantir seu resultado, o aspecto de uma aposta na existência e no triunfo de Deus, da Humanidade, do Proletariado.

A idéia da aposta encontra-se no centro não só do pensamento jansenista (aposta na salvação individual), do pensamento de Pascal (aposta na existência de Deus) e de Kant (postulado prático da existência de Deus e da imortalidade da alma), mas também no próprio centro do pensamento materialista e dialético (aposta no triunfo do socialismo dentro da alternativa que se oferece à humanidade de escolher entre o socialismo e a barbárie); e nós a encontramos explicitamente sob a forma própria da aposta na mais importante obra literária a expressar a visão dialética: *Fausto*, de Goethe.

Poderíamos quase fazer a análise das relações entre a visão trágica e a visão dialética comparando as apostas de Pascal e de *Fausto* para mostrar o que elas têm em comum e no que diferem.

Digamos rapidamente que em Pascal, assim como em Goethe, o problema se coloca em dois planos: no da consciência divina, inteiramente desconhecido ao homem, que ignora tudo a respeito dos projetos da Providência, e no da consciência individual.

Da mesma maneira, o que escapa ao indivíduo, o que somente Deus conhece, é o fato de que este ou aquele homem será salvo ou condenado. Por outro lado, no plano da consciência individual, a vida apresenta-se nos dois casos (em Goethe e em Pascal) como uma aposta baseada no fato de que o homem (a menos que perca sua alma) jamais poderá se satisfazer com um bem finito.

As diferenças, que não são menores que as analogias, residem na função do diabo; pois se em Pascal e em Kant o bem continua o oposto do mal (do qual, entretanto, ele é inseparável, e nisso reside precisamente a tragédia), em

Goethe, assim como em Hegel e em Marx, o mal torna-se o único caminho que leva ao bem.

Deus não poderia salvar Fausto de outra maneira que não fosse entregando-o durante toda sua vida terrena a Mefisto; a Graça divina se torna, enquanto graça, uma aposta de Deus (que sabe de antemão, é óbvio, que a ganhará) com o diabo, e a aposta humana – ao mesmo tempo que continua sendo uma aposta – torna-se um pacto com este último.

Vê-se toda a importância e sentido da aposta de Pascal; longe de querer simplesmente afirmar que é racional arriscar os bens certos e finitos da vida terrena pela eventualidade de ganhar uma felicidade duplamente infinita, em intensidade e em duração (sendo este apenas o aspecto externo da argumentação, destinado a ajudar o parceiro a tomar consciência, *mesmo no plano mais distante da fé*, da condição humana), ele afirma, ao contrário, que os bens finitos do mundo não têm nenhum valor e que a única vida humana que tem um significado real é a do ser racional que busca Deus (fique ele feliz ou infeliz por encontrá-lo ou não, o que somente poderá saber após a morte), do ser que empenha todo o seu bem na aposta sobre a existência de Deus e na ajuda divina, na medida mesmo em que vive para e rumo a uma realização (a felicidade infinita) que não depende de suas próprias forças e da vinda da qual ele não tem prova teórica segura.

A partir de Hegel e de Marx, os bens finitos e mesmo o mal da vida terrena – o diabo de Goethe – receberam um significado no interior da fé e da esperança no futuro.

Entretanto, por mais importantes que sejam essas diferenças, a idéia de que o homem está "envolvido", de que deve apostar, constituiria, a partir de Pascal, a idéia central de todo pensamento filosófico consciente do fato de que o homem não é uma mônada isolada que se basta, mas um elemento parcial no interior de uma totalidade que o ultrapassa e à qual está ligado por suas aspirações, por sua ação e por sua fé; a idéia central de todo pensamento que sabe que o indivíduo não poderia realizar sozinho, por meio de suas próprias forças, nenhum valor autêntico, e que necessita sempre de uma ajuda transindividual na existência da qual deve apostar, pois só poderia viver e agir na esperança de um *êxito* no qual ele deve *acreditar*.

Risco, possibilidade de fracasso, esperança de êxito e aquilo que é a síntese dos três – *uma fé apostada* –, eis os elementos constitutivos da condição humana, e certamente não é um dos títulos menores da glória de Pascal tê-los feito, pela primeira vez, entrar explicitamente na história da filosofia.

Le Dieu caché, p. 334-7

A REIFICAÇÃO

"Um par de sapatos custa 5 mil francos." Essa é a expressão de uma relação social e implicitamente humana entre o criador de gado, o curtidor de couro, [o produtor de calçados,] seus operários, seus empregados, o revendedor, o comerciante de calçados e, por fim, o consumidor final. Mas nada disso é visível; a maioria desses personagens nem sequer se conhece e ignora até a sua existência mútua. Ficariam muito surpresos de saber da existência de um *vínculo* que os une. Tudo isso se exprime por um único fato: "Um par de sapatos custa 5 mil francos".

Ora, esse não é um fato isolado, mas, ao contrário, o fenômeno social fundamental da sociedade capitalista: a transformação das relações humanas qualitativas em *atributo quantitativo das coisas inertes*, a manifestação do trabalho social necessário utilizado para produzir certos bens como *valor*, como *qualidade objetiva desses bens*; a reificação que, em seguida, estende-se progressivamente ao conjunto da vida psíquica dos homens, na qual ela faz o abstrato e o quantitativo predominarem sobre o concreto e o qualitativo.

De fato, numa economia capitalista, para o industrial e para o comerciante, o valor de uso de seus produtos é apenas um desvio inevitável pelo qual ele deve recuperar um *valor maior* do que aquele com que começou: uma mais-valia, um lucro.

Ora, para conseguir isso, em primeiro lugar, ele deve proceder no interior da produção de maneira tão racional quanto possível, ou seja, transformar logo de início todos os elementos qualitativos da produção (mão-de-obra, matéria-prima) em elementos quantitativos da ordem do custo de produção, do rendimento etc., ou seja, da ordem do valor. Em segundo lugar, se a vontade consciente do capitalista interfere para organizar o processo de produção, este, ao contrário, encontra-se no início – quando se trata de comprar a mão-de-obra e a matéria-prima – e, sobretudo, no fim – quando se trata de vender os produtos –, diante de um mercado no qual os acontecimentos se apresentam como resultado de leis cegas, independentes das vontades individuais e regidas pelos preços, ou seja, pelas qualidades objetivas das coisas. É assim que, nesse domínio fundamental da vida humana que é a vida econômica, a economia mercantil mascara o caráter histórico e humano da vida social, transformando o homem em elemento passivo, em *espectador* de um drama que se renova sem parar e no qual os únicos elementos realmente ativos são as coisas inertes.

Longe se ser uma simples visão da mente, essa distorção é uma realidade psíquica profunda, que se expressa até na linguagem. Empregamos correntemente expressões absurdas em si, mas que todo mundo entende, como: "a empresa vai bem", "o cobre subiu", "as mercadorias não chegaram". Marx escreveu em *O capital* que se chega assim a um aspecto manifesto das relações econômicas e sociais, maravilhosamente caracterizado pela frase de um personagem shakespeariano: "Ser um homem bem-feito é resultado das circunstâncias, mas saber ler e escrever vem da natureza".

Além disso, é preciso acrescentar aqui uma observação que demanda um desenvolvimento mais amplo e, sobretudo, verificações históricas longas e difíceis de efetuar. De fato, além da reificação estudada por Marx, e que se deve à produção mercantil, é provável que a estrutura *capitalista* da economia reforce ainda a autonomia das coisas inertes em relação à realidade humana.

Em toda sociedade, a atividade social está estreitamente ligada aos objetos físicos. Os homens agem em conjunto sobre a realidade não humana, e essa realidade se transforma continuamente sob a ação dos homens.

É provável que, para poder agir sobre essa realidade, os homens tenham sido obrigados a separar, em qualquer sociedade, o aspecto cognitivo da realidade física, de suas relações ativas ou afetivas com ela, criando assim um *mundo* do qual se pode falar no modo *teórico*, no modo da *constatação*. É provável também que, para fazê-lo, eles tenham sido obrigados afinal, durante toda a sua história, a religar esses quadros continuamente mutáveis – são os dados empíricos imediatos – a invariantes conceituais, das quais uma das mais importantes para a vida cotidiana foi a do *objeto*, da *coisa*.

No entanto, existe o problema da estrutura que toma, para a consciência dos homens nas diferentes sociedades, a relação entre essas invariantes e o futuro em geral e a relação que existe em particular entre as coisas e a ação humana que as transforma. (Refiro-me, por exemplo, à relação existente entre a casa e a ação dos homens que a habitam e transformam continuamente até o dia em que a demolem.) Nas "Teses sobre Feuerbach"*, Marx colocou esse problema no nível essencial das relações entre a percepção e a atividade perceptiva. Em nossa época, Jean Piaget retomou as posições de Marx em seus estudos experimentais sobre a percepção[9].

Ora, parece-nos altamente provável que, na sociedade capitalista, o fato de que, a cada momento, a propriedade do produto seja integralmente *separada* de seus produtores, de que o operário produza objetos que não lhe pertencem, contribua para tornar a categoria da invariante, da coisa, muito mais preponderante em relação ao devenir, a teoria muito mais preponderante em relação à atividade transformadora dos homens do que elas foram em todas as outras formas de organização social.

Por outro lado, Marx destacou suficientemente que, no mundo capitalista, a atividade humana não é somente separada de seus produtos, mas encontra-se ela mesma assimilada às coisas, na medida em que a força de trabalho se torna uma *mercadoria* que tem um *valor* e um *preço próprios*. Isso se manifesta tanto na contabilidade das empresas como na economia política, em que a força de trabalho é considerada um simples elemento do capital circulante, que não se distingue em nada dos outros elementos deste (matérias-primas etc.)[10].

Enfim, é preciso acrescentar que, exatamente como a produção capitalista tende a estender-se e substituir as outras formas de produção, transfigurando a realidade conforme suas próprias categorias, ela também transformou efetivamente – durante um período muito longo, que só agora, graças à automação, está sendo superado – a situação de grande parte da classe operária, reduzindo a qualificação e, com ela, as diferenças entre os indivíduos, tornando-os inter-

---

* Karl Marx e Friedrich Engels, "Teses sobre Feuerbach", em *A ideologia alemã*, cit. (N. E.)

[9] Esse problema também é colocado de maneira particularmente sugestiva e clara numa brincadeira infantil: Jeannot tem uma faca; um dia, ele troca o cabo; dois meses depois, ele troca a lâmina. Ainda é a faca de Jeannot?

[10] Sabe-se que, em *O capital*, a distinção fundamental que se acrescenta e passa para o primeiro plano em relação à distinção entre o capital fixo e o capital circulante é aquela entre *capital constante* e *capital variável*, ou seja, entre objetos e trabalho humano.

cambiáveis e assim assimilando sua atividade concreta a esse trabalho abstrato, simples e socialmente necessário, que é a base do valor de troca.

Em síntese, a economia mercantil, e em especial a economia capitalista, tende a substituir na consciência dos produtores o valor de uso pelo valor de troca e as relações humanas concretas e significativas por relações abstratas e universais entre vendedores e compradores; tende assim a substituir, no conjunto da vida humana, o qualitativo pelo quantitativo.

Além disso, separa o produto do produtor e, por isso mesmo, reforça a autonomia da coisa em relação à ação dos homens e ao devenir.

Enfim, transforma a força de trabalho em *mercadoria* que tem um *valor* – e isso significa que ela transforma também uma realidade humana em coisa – e aumenta, durante um período histórico muito longo, o peso do trabalho não qualificado, ou pouco qualificado, em relação ao trabalho qualificado, até mesmo substituindo, no plano da realidade imediata, as diferenças qualitativas por simples diferenças de quantidade.

Recherches dialectiques

Sobre Lukács

Foi em 1923 que se publicou *História e consciência de classe*, a obra mais importante e, apesar de certo número de erros evidentes que o próprio Lukács salientou em seguida, a mais atual. É nesse livro, coletânea de vários artigos escritos por Lukács entre 1917 e 1922, depois de tornar-se marxista, que se encontra talvez o primeiro grande desenvolvimento sistemático da filosofia do materialismo dialético. Se me permito insistir nessa obra, embora seja apenas indiretamente assunto de Kierkegaard, é porque acredito que os problemas colocados ontem por Jean-Paul Sartre e pelo texto de Heidegger (e que, por isso mesmo, estão no centro do nosso colóquio), já foram analisados nela e encontra-se ali a única resposta que me parece positiva e científica. Em 1923, Lukács tomou de fato posições por certos ângulos opostas às que defendera em *L'âme et les formes*, situando-se, no entanto, em seu prolongamento. Mais precisamente, acreditando sempre que a estruturação e a tendência à coerência são a essência da condição humana e da criação cultural, Lukács desenvolveu uma filosofia histórica e dialética, ao contrário da posição kantiana de *L'âme et les formes*; e é a partir daí que ele traz respostas exatamente opostas àquelas que propunha em seus primeiros livros para os problemas fundamentais levantados pelas relações inter-humanas, as relações entre os homens e o mundo ambiente e, em especial, para o problema da autenticidade e da falsa consciência.

De fato, Lukács afirma agora a possibilidade de uma vida autêntica no âmbito da ação histórica por meio da inserção na luta revolucionária do proletariado em prol do advento de uma sociedade socialista. Sem dúvida, essa obra, escrita numa época em que Lukács acreditava na iminência da revolução mundial, tem por certos aspectos um tom apocalíptico. Sobre o caráter errôneo dessa perspectiva, o próprio Lukács se expressou de maneira unívoca. Em todo caso, ele nos traz, em relação a problemas fundamentais da antropologia em geral, da estética e da epistemologia em particular, um conjunto de respostas estruturadas e coerentes que me parecem conservar sua validade. Pois, se eliminarmos a perspectiva otimista e subjetivista produzida pela crença na iminência da transformação revolucionária, não é menos verdade que Lukács, por sua própria reflexão, mas também pela leitura de Marx e de Hegel, descobriu a categoria fundamental da dialética e, segundo ele, de todo conhecimento positivo e científico das realidades humanas, a categoria da *totalidade*.

Para Lukács, assim como para Marx, os homens são sempre seres que juntos transformam o meio ambiente e fazem sua própria história, e, assim fazendo, fazem a si próprios. Daí decorrem duas idéias filosóficas fundamentais. A primeira é que o verdadeiro sujeito de toda ação e de todo pensamento não é o indivíduo isolado, que, como vira claramente Lukács em suas duas primeiras obras, jamais poderia chegar à autenticidade, mas o grupo, o conjunto de homens unidos em uma ação comum. Aliás, esse conjunto não é diferente dos indivíduos, mas tampouco se resume a sua soma; ele constitui uma estrutura dentro da qual cada indivíduo somente existe se engajado em uma multiplicidade de relações que o liga aos outros indivíduos. E é no grupo social que, opondo-se a outros grupos (para Marx e para Lukács, esses grupos fundamentais que visam à reestruturação global da sociedade são as classes sociais), está transformando o mundo ao tentar realizar uma comunidade autêntica, que os indivíduos que o compõem tomam cada vez mais consciência de si próprios e de seu lugar no universo ao participarem dessa ação coletiva.

A segunda idéia fundamental do pensamento dialético – idéia que, sem dúvida, está no centro da obra de Hegel e de Marx, mas que a ciência e a filosofia universitárias eliminaram completamente e cuja redescoberta, não mais apenas como idéia filosófica abstrata, mas como instrumento científico operante, marcou um momento decisivo no desenvolvimento intelectual de toda uma geração de leitores de Lukács, entre os quais me incluo – é a idéia da identidade do sujeito e do objeto, idéia que toda literatura marxista pós-marxiana havia tratado, entre 1883 e 1923, como uma posição puramente idealista e hegeliana e sem a qual, segundo Lukács, não poderia haver nem ciências humanas positivas nem pensamento dialético. Quando o proletariado pensa a sociedade capitalista, com isso toma consciência de si e orienta-se para a revolução. Assim, a análise marxista do mundo capitalista é, ao mesmo tempo, ciência do objeto e consciência do sujeito, o que não tem nada de espantoso se admitirmos o caráter fundamental, para toda compreensão da realidade histórica, da identidade do sujeito e do objeto. Da mesma maneira, no plano prático, quando os homens fazem a história e transformam a sociedade, eles fazem e transformam a si mesmos, sendo assim ao mesmo tempo o sujeito e o objeto de sua própria ação.

Foi a partir daí que Lukács desenvolveu em sua obra a crítica de duas concepções – que, aliás, são simplesmente as duas faces complementares de uma única e mesma moeda. Uma afirma a possibilidade de uma ciência objetiva e não engajada dos fatos humanos, o que implica que o pensador poderia estudar, de fora, a sociedade da qual ele faz parte e que elaborou as categorias que estruturam o próprio pensamento dele. A outra afirma a possibilidade de uma práxis separada do conhecimento teórico e indiferente a este, embora toda práxis seja transformação de uma estrutura social que condiciona a existência e o desenvolvimento das categorias do conhecimento teórico. Assim, na perspectiva dialética, o saber não é mais transformação do vivo em morto e torna-se, ele próprio, um aspecto parcial da vida, da ação e do engajamento. Obviamente, isso supõe a negação de todo princípio absoluto e a afirmação de que nos encontramos sempre no interior da história, num círculo em que o devenir anterior condiciona nossa ação presente, que por sua vez condiciona a ação futura, do mesmo modo que a consciência individual somente existe no interior de um devenir histórico que ela contribui para criar. Assim, não há a menor possibilidade de separar de maneira válida a subjetividade do objetivo, o indivíduo da coletividade, a práxis do saber sistemático, que se interpenetram e se estruturam mutuamente.

Kierkegaard vivant, p. 148-52. Intervenção de Lucien Goldmann no colóquio organizado pela Unesco, em Paris, de 21 a 23 de abril de 1964

Sobre o jovem Marx

[...] Como a maioria dos jovens hegelianos, Marx era um pensador ligado demais a suas posições radicais, democráticas e oposicionistas para poder aceitar as exigências de um pensamento dialético e, em especial, a de basear as valorações apenas nas tendências objetivas de estruturas históricas existentes. Tanto que ele não tinha encontrado entre essas estruturas *uma força objetivamente revolucionária* que permitisse estabelecer o acordo entre as exigências do pensamento dialético e as atitudes políticas dos jovens hegelianos; em síntese, *a descoberta dos proletariados francês e inglês enquanto forças revolucionárias* situava-se necessariamente entre a exigência implícita da crítica da filosofia hegeliana e a elaboração do materialismo dialético.

Dito isto, gostaríamos de lembrar que mesmo a descoberta do proletariado como sujeito e motor da revolução socialista não levou de imediato à elaboração de um pensamento dialético monista e conseqüente. Com freqüência, situamos o início da elaboração do materialismo histórico e dialético nos textos escritos em 1843 e começo de 1844, e publicados nos *Anais franco-alemães* e, em especial, na "Crítica da filosofia do direito de Hegel – Introdução"*. Nessa interpretação, no entanto, existe um erro cujo condicionamento histórico talvez tenha interesse para a evolução pós-marxiana do marxismo, pois, embora seja incontestável que essa "Introdução" constitui o primeiro texto de Marx em que aparece a idéia do proletariado como classe decisiva para a realização da revolução socialista, esta idéia está longe de ser dialética e ainda contém uma posição rigorosamente dualista[11]. Na realidade, trata-se de um ensaio de síntese entre os escritos de 1842 – que fundamentavam as esperanças de renovação social e política na força da razão, apoiando-se na moral e no direito naturais – e as exigências dia-

---

* Karl Marx, *Crítica da filosofia do direito de Hegel*, cit., p. 145-56. (N. T.)
[11] Sobre essa questão, ver a tese ainda não publicada de Michael Löwy, "Révolution communiste et auto-émancipation du prolétariat dans l'oeuvre du jeune Marx". [Posteriormente publicada sob o título *La théorie de la révolution chez le jeune Marx* (Paris, Maspero, 1970); ed. bras.: *A teoria da revolução no jovem Marx*, cit. (N. T.)]

léticas da *Critique de la Philosophie hégélienne de l'État* [Crítica da filosofia hegeliana do Estado], que queriam encontrar nas estruturas reais da sociedade, e não no universo das ideologias, o sujeito ativo da história e do progresso. Formuladas de maneira esquemática, as posições fundamentais da *"Crítica da filosofia do direito de Hegel – Introdução"* manifestam a dualidade entre: de um lado, um pensamento racional que constitui a força ativa da história, mas permanece impotente e ineficaz enquanto não consegue encarnar numa realidade material; de outro, essa realidade material, em si e isoladamente passiva, mas que pode tornar-se e torna-se ativa por e graças a sua penetração pelo pensamento racional; basta citar algumas passagens: "As revoluções precisam de um elemento passivo, de uma base *material*. A teoria jamais se realiza num povo somente na medida em que é a realização de suas necessidades."; "Não basta que o pensamento procure realizar-se, a realidade deve igualmente compelir ao pensamento"; "É certo que a arma da crítica não pode substituir a crítica das armas, que o poder material tem de ser derrubado pelo poder material, mas a teoria converte-se em força material quando penetra nas massas"; "A *emancipação do alemão* é a *emancipação do homem*. A *filosofia* é a *cabeça* desta emancipação e o *proletariado é* o seu *coração*. A filosofia não pode realizar-se sem a supra-sunção do proletariado, o proletariado não pode supra-sumir-se sem a realização da filosofia".*

Resta nos perguntarmos por que, apesar das passagens que acabamos de citar e da estrutura claramente dualista desse texto, seu caráter de transição, de escrito dualista e não dialético, foi tão pouco evidenciado pela literatura marxológica pós-marxiana. Parece-nos que o motivo reside, em primeiro lugar, no fato de que essa literatura possuía, ela mesma, um caráter dualista e não dialético, e que aquilo que se chamava de marxismo estava na realidade muito mais próximo das posições da "Crítica da filosofia do direito de Hegel – Introdução" que daquelas das "Teses sobre Feuerbach". De fato, basta substituir a palavra filosofia por Partido na "Introdução" (e, no fundo, nos dois casos trata-se do grupo que elabora a ideologia) para se ter uma posição muito próxima daquela que Lenin expressou em sua obra *Que fazer?***, mas também das posições teóricas

---

* Karl Marx, *Crítica da filosofia do direito de Hegel*, cit., p. 153-4, 168. (N. T.)
** Vladimir Ilich Lenin, *Que fazer?* (trad. Rúbia Prates Goldoni, São Paulo, Martins, Fontes 2006). (N. T.)

expressas de modo mais ou menos claro que correspondiam à prática efetiva e ativa tanto da socialdemocracia alemã como dos bolcheviques, isto é, dos dois grandes focos de elaboração teórica do marxismo.

As "Teses sobre Feuerbach" constituem, na obra de Marx, o primeiro texto rigorosamente monista e dialético. Na história da filosofia européia, essas duas ou três páginas nos parecem ter a mesma importância que as obras filosóficas mais célebres, e não hesitamos em compará-las às do *Discurso do método,* da *Crítica da razão pura* e da *Fenomenologia do Espírito.* Compreendemos que uma análise exaustiva dessas três páginas provavelmente demandaria mais de um volume e não se trata de abordá-las aqui. Contentamo-nos, para terminar este artigo, em apontar que as "Teses sobre Feuerbach" colocam decididamente o problema das relações entre a teoria e a práxis, as constatações e as valorações, o conhecimento dos fatos humanos e a transformação do mundo, e que a resposta de Marx é, dessa vez, rigorosamente *monista* e *genética*; afirma que o sujeito real da história não é o indivíduo, mas o grupo social orientado para a identificação com a espécie; já a primeira tese, confirmada mais tarde por trabalhos de laboratório, em especial pelos de Jean Piaget, é uma das afirmativas mais radicais da unidade da teoria e da práxis, do conhecimento e da ação, pois situa essa unidade não só no nível da consciência e do pensamento, mas já no nível mais elementar da sensação e da percepção. "O principal defeito de todo o materialismo existente até agora (o de Feuerbach incluído) é que o objeto [*Gegenstand*], a realidade, o sensível, só é apreendido sob a forma do *objeto* [*Objekt*] ou da *contemplação*, mas não como *atividade humana sensível*, como *prática*; não subjetivamente."*

A terceira tese afirma a impossibilidade de qualquer concepção determinista ou mesmo simplesmente objetiva da realidade social, dado que uma posição como essa leva sempre a querer explicar o pensamento e o comportamento dos homens pelas condições sociais, ao passo que estas condições são, elas mesmas, criadas por este pensamento e este comportamento. Todo pensamento, e toda teoria, se situa no interior do futuro histórico e constitui, ao mesmo tempo, uma tentativa de compreender e uma intervenção. Quanto às pretensões da sociologia objetiva, elas correspondem à tentativa de "dividir a sociedade em duas partes, uma das

---

* Karl Marx e Friedrich Engels, *A ideologia alemã,* cit., p. 533. (N. E.)

quais está acima da sociedade"[12]. A sexta tese critica Feuerbach, e implicitamente toda a sociologia objetivista, pela ausência de perspectiva genética.

Enfim, essa mesma sexta tese, assim como a nona e a décima, salientam o fato de que a posição estática e dualista resulta necessariamente do erro fundamental que consiste em tomar o *indivíduo isolado* como sujeito da práxis, erro que levou a mascarar o caráter histórico dessa última. O verdadeiro sujeito é a coletividade, a espécie humana; afirmativa, sem dúvida, ainda demasiado genérica, mas que logo será concretizada pela substituição da coletividade genérica ainda abstrata por uma realidade empírica bem mais concreta, a das classes sociais.

Marxisme et sciences humaines, p. 146-50

---

[12] Vê-se a relação entre o objetivismo sociológico e qualquer divisão essencial da sociedade ou do partido em dois grupos diferentes, a massa passiva e os ativistas ou teóricos ativos.

DIALÉTICA DO SUJEITO E DO CONCEITO EM MARX

[...] Vê-se facilmente onde reside a petição de princípio. Para Marx, "*o conjunto das relações sociais*" é um conceito estreitamente ligado à idéia de que é esse conjunto apenas que define, do ponto de vista teórico e científico, o status das unidades biológicas que são os indivíduos no interior do sujeito coletivo da ação social e histórica. Ora, na análise de Althusser, há duas afirmações: uma perfeitamente válida, segundo a qual, na pesquisa científica concreta, o conceito global de "conjunto das relações sociais" torna-se preciso nos conceitos mais particulares de "modo de produção, relações de produção, superestrutura, ideologia etc." (aliás, a isso é preciso acrescentar que é necessário, em seguida, tornar esses conceitos precisos, fornecendo-lhes a especificidade histórica que apresentam no caso estudado.)

A outra, altamente contestável, segundo a qual esses conceitos não fazem mais intervir nem uma única vez como conceitos teóricos os conceitos de homem e de humanismo. Althusser simplesmente esquece que, mesmo no plano teórico, não há, nem em Marx nem na realidade, relações de produção que não sejam relações entre os homens, ideologia que não seja uma forma de pensamento dos homens, forças de produção que não sejam qualidades humanas (como, por exemplo, a qualificação profissional da classe operária) ou produtos da atividade dos homens, como o capital constante (máquinas, matérias-primas etc.), que, aliás, existem enquanto forças de produção somente na medida em que são manejadas e utilizadas pelos homens. Quanto aos conceitos de *superestrutura* e *modo de produção*, são importantes, de nível mais geral, mas que abarcam precisamente as outras relações mais específicas que acabamos de mencionar e também designam certos aspectos essenciais do comportamento humano.

Obviamente, é possível contestar essa afirmação no plano da ciência e pensar, como Althusser, que o homem não tem lugar no estudo das estruturas econômicas, sociais, políticas ou ideológicas. Ele não seria o primeiro nem o último a fazê-lo, e isso se discute no nível da pesquisa concreta. O que nos parece contestável é valer-se, para isso, de Marx, que, evidentemente, sempre pensou e afirmou o contrário. Aliás, Althusser deu-se perfeitamente conta disso, pois todo esse parágrafo (como muitos outros de sua análise) tem como objetivo nos fazer aceitar que Marx se expressou muito mal, empregou frases que, se consideradas "literalmente", não querem dizer nada e, decididamente, não quis escrever o que de fato escreveu, mas, ao contrário, as idéias próximas daquelas do minúsculo grupo parisiense constituído por Lacan, Althusser, Foucault etc. Não é preciso dizer que se aceitarmos método semelhante, com um pouco de habilidade podemos atribuir qualquer teoria a qualquer teórico.

Na segunda parte da sexta tese, Marx ressalta as duas limitações – que fazem parte da maneira feuerbachiana de conceber o sujeito do pensamento e da intuição sensível –, dentre as quais a primeira é válida com toda a sua força contra o estruturalismo não genético e todas as posições idealistas, mecanicistas dessa escola: negar a história e situar-se em um espaço abstrato e fixo no qual não há mais transformações; e a segunda, a de conceber o sujeito como uma classe lógica de indivíduos que têm determinadas características comuns, valia perfeitamente para a filosofia individualista clássica, mas não vale mais para o estruturalismo contemporâneo, que substituiu o indivíduo pela estrutura, transformação ideológica homóloga, por outro lado, à passagem do capitalismo liberal para o capitalismo organizado.

Marxisme et sciences humaines, p. 189-91

O TESTAMENTO TEÓRICO DE GOLDMANN

O leitor não se surpreenderá se, à luz dos últimos quinze anos e, em especial, da experiência do movimento contestatório que se desenvolveu há três ou quatro anos, meu pensamento tenha se precisado e concretizado em relação aos artigos reunidos no presente volume[13].

Nessa evolução, um ponto sobretudo me parece importante: certo número desses artigos foi redigido no contexto intelectual anterior a 1968, em que importantes teóricos de direita, como Raymond Aron, do centro humanista e liberal, como David Riesman, ou mesmo da extrema esquerda, como Marcuse e a Escola de Frankfurt, afirmavam a estabilização, se não definitiva, ao menos duradoura, da nova sociedade tecnocrática e a tendência ao desaparecimento de qualquer espírito contestatório – "fim das ideologias", "desaparecimento do radar interno", "Homem unidimensional"; em que os estruturalistas não genéticos ou, se preferirem, formalistas e de inspiração lingüística, desenvolviam uma ideologia que relegava a história, o homem e o significado ao refugo dos velhos preconceitos. E nos propunham uma cultura centrada unicamente na combinação dos meios, sem nenhum interesse pelos fins e pelos valores, enquanto os socialistas iugoslavos lançavam a idéia de autogestão e os marxistas italianos, como Victor Foa e Bruno Trentin, acompanhados logo depois por Serge Mallet e André Gorz, na França, lançavam a teoria da nova classe operária e do reformismo revolucionário.

É com relação a essa discussão e a essa problemática que tomo posição em certo número de meus artigos, salientando a necessidade de abandonar a teoria marxiana da pauperização e do caráter revolucionário da classe operária; de reconhecer que jamais houve revolução propriamente proletária e, nos países industriais avançados, o proletariado já se integrou, há um século, à ordem social existente; e, por fim, de conceber a luta pelo socialismo como uma luta pelas consciências, baseada nas possibilidades abertas pelo desenvolvimento das novas camadas médias assalariadas – ou, se preferirem, da nova classe ope-

---

[13] Trata-se da coletânea de artigos *Marxisme et sciences humaines*.

rária – que as mudanças técnicas desenvolvem progressivamente e tendem a substituir não só as antigas camadas médias independentes, os notáveis, mas também a classe operária tradicional. Eu partia em especial da idéia de que tanto a perspectiva de Raymond Aron, Daniel Bell, Riesman e Marcuse como a de Trentin, Foa, Mallet e Gorz representavam duas possibilidades da evolução, segundo as quais o dever dos pensadores e dos militantes socialistas era lutar pela realização dessa última. Hoje, essas análises me parecem ao mesmo tempo justas – ao menos em grande parte – e unilaterais, e isso quer dizer que elas têm necessidade de uma precisão e de um ajuste cujos elementos mais importantes tentarei esboçar aqui.

No que diz respeito à classe operária tradicional, se é verdade que nas sociedades ocidentais ela foi integrada à ordem capitalista e jamais desempenhou o papel que lhe atribuíam as análises marxianas, também é verdade que essa integração teve um caráter específico diferente da integração de todas as outras camadas sociais: a de se efetuar no plano epistemológico e cultural sob a forma de uma contracultura autêntica e fortemente oposicionista que se manifestou pela criação de partidos operários politicamente integrados, reformistas e conservadores, mas cultural e ideologicamente oposicionistas e contestatórios – desde a socialdemocracia alemã e, em especial, da socialdemocracia alemã do período anterior à guerra até os partidos comunistas contemporâneos.

Isso teve como conseqüência o fato de que, embora jamais tenha desencadeado por iniciativa própria uma crise revolucionária, a classe operária interveio, entretanto – salvo quando os interesses imediatos de suas organizações, como em 1914, na Alemanha, em relação aos interesses estratégicos do Império, ou em 1933 e 1939 em relação aos interesses da política externa da URSS, conseguiram impedir qualquer ação –, desde junho de 1848 até maio de 1968, de maneira ativa enquanto força oposicionista e contestatória, sempre que uma crise similar surgia a partir de circunstâncias externas.

O caráter específico dessa integração e suas conseqüências particularmente importantes, é óbvio, devem ser analisados e fundamentados no plano teórico. Sobre essa questão, gostaria de formular uma hipótese: a integração me parece ser resultado não só da melhoria no nível de vida e de certo número de conquistas sindicais, mas também da participação ativa e cotidiana no processo de produção e, de modo implícito, no funcionamento da sociedade capitalista. O caráter oposicionista – cultural e ideologicamente contestatório – dessa integração me parece explicar-se – e aqui a análise genial de Marx continua inteiramente válida – pelo fato de que os operários, não tendo outra coisa para vender além da sua força de trabalho (e isso quer dizer, em última instância, eles próprios), deveriam necessariamente permanecer, ainda que em graus variados, rebeldes à reificação, à adaptação ao mercado e à transformação dos bens em mercadorias; em outras palavras, integração baseada na participação da produção, nas vantagens materiais e nas conquistas sindicais, tendência a uma recusa existencial da quantificação generalizada no mercado e da transformação dos bens e dos homens em mercadorias caracterizadas, em primeiro lugar e mesmo unicamente, por seus preços.

No que diz respeito às perspectivas de transformação social, acredito hoje que se trata ainda, em grande medida, de uma luta pela consciência e, em especial, pela consciência dos operários qualificados e dos técnicos; em suma, pela consciência da nova classe operária. As probabilidades de que uma transformação como essa se dê efetivamente são muito maiores do que eu pensava no momento em que redigi certos artigos do presente volume.

Afora a luta pela tomada de consciência dos assalariados, acontece que, nos países industrialmente avançados, as próprias classes dominantes, e em especial os tecnocratas, serão provavelmente levados a também se orientar nessa mesma direção. Na verdade, não seria possível imaginar uma sociedade de classes em que as camadas dirigentes não se apóiem numa camada social mais ampla que lhes permita dominar ideologicamente a maior parte da vida social. No capitalismo liberal, e mesmo no capitalismo monopolista em crise dos anos 1914 a 1945, essa base social era constituída pelas camadas médias independentes e por certas camadas superiores da classe operária tradicional. Ora, a evolução técnica e as transformações sociais e econômicas que ela ocasiona estão precisamente reduzindo de maneira considerável essas duas categorias sociais.

A menos que se oponha a essa transformação, e implicitamente fique para trás – o que, é óbvio, não está excluído por certo número de países –, a burguesia tecnocrática será obrigada a buscar ela própria uma base social entre os técnicos, e isso quer dizer tentar conquistá-los e integrá-los por meio de certo número de concessões e de compromissos.

Sua primeira reação será, obviamente, conceder-lhes vantagens materiais, mas, com o tempo, isso não será mais suficiente, quando muito porque, em virtude de uma lei bem conhecida, a acumulação das vantagens materiais deve, a partir de determinado momento, diminuir seu peso e sua importância. Portanto, é provável que os países que continuarem na vanguarda do progresso técnico serão aqueles em que as classes dominantes aceitarão modificações de estrutura, voltadas para a participação de uma camada mais ou menos ampla de assalariados na gestão das empresas, a fim de poder garantir um apoio decisivo entre um largo setor de técnicos e de especialistas assalariados.

Delineia-se nessa perspectiva, como foi o caso na tomada de poder pela burguesia na Europa ocidental, a possibilidade de vários caminhos diferentes de uma evolução extremamente provável. Vamos nos limitar aos dois casos extremos: exatamente como a burguesia conseguiu tomar o poder na França por meio de uma revolução e de uma aliança com as camadas populares, enquanto na Alemanha ela tomou o poder por uma via puramente reformista, cheia de submissões e compromissos; exatamente como houve, de um lado, a Revolução Francesa e, de outro, a Alemanha de Bismarck e de Guilherme II, pode haver – para empregarmos uma terminologia proposta por H. Lefebvre – uma via minimalista e uma via maximalista para a modernização da vida social e da produção. Pois bem, do ponto de vista da dignidade humana e da cultura, e também, a médio prazo, do ponto de vista político e social, a diferença entre as duas vias é considerável e, dado o peso econômico, social e político dos países industrializados avançados, compromete o futuro da humanidade.

É no campo das possibilidades que se situam a crise dos últimos anos e os julgamentos que devemos fazer sobre ela. Como inicialmente a Fronda, como em seguida a própria Revolução Francesa, essa crise nasceu da conjunção dos descontentamentos que as transformações econômicas e sociais suscitaram entre as camadas antigas atingidas por ela – classes médias independentes, operários tradicionais, minorias étnicas ou raciais – e dos que se desenvolvem em grupos contestatórios modernos originários precisamente dessas transformações – estudantes cuja universidade não pode mais satisfazer necessidades científicas e culturais, camadas pobres que surgiram em determinados centros urbanos a partir da concentração e da modernização da indústria, ala radical dos técnicos e dos intelectuais. Ora, a ação cultural, social e política dessas camadas – o que se torna cada vez mais provável, mesmo que ainda esteja longe de ser uma certeza – pode ter uma influência saudável sobre a orientação da evolução.

É aqui que se situa a apreciação histórica e sociológica do esquerdismo, das correntes radicais e até mesmo do fenômeno social não negligenciável que é o desenvolvimento entre a juventude de uma contestação passiva com caráter de evasão, o que se chama correntemente de hippies. No que diz respeito aos esquerdistas e aos radicais, não se trata de fechar os olhos diante da insuficiência de suas análises sociais e políticas, do caráter utópico, ao mesmo tempo ingênuo e generoso, de suas ideologias; mas Sorel já dizia, e toda a experiência histórica confirma, que se eles encontrarem uma base social, os mitos poderão ter uma função positiva e salutar, mesmo que seu conteúdo explícito jamais seja realizado. Nesse sentido, os movimentos radicais são ao mesmo tempo um dos sintomas das transformações em curso e um dos fatores que permitem esperar que essas transformações possam tomar formas progressistas e válidas para a cultura, a dignidade do homem e o socialismo. Jamais se deve esquecer que, se não houve fascismo na França e na Inglaterra, ao passo que houve um fascismo italiano e alemão, foi, entre outros motivos, porque as sociedades burguesas francesa e inglesa se constituíram por uma ação revolucionária, enquanto as sociedades burguesas alemã e italiana se constituíram a partir de cima.

No que diz respeito ao movimento de evasão que se desenvolve entre a juventude, é evidentemente fácil ver o que ela tem de insuficiente, de negativo e mesmo de altamente perigoso para os que participam dela, em especial as drogas, a negação da cultura bastante difundida entre os hippies etc. Mas não se deve esquecer também que esse movimento, que tomou uma amplitude não negligenciável, constitui a expressão social vaga, imperfeita e contestável, sem dúvida, de uma reação saudável de negação da sociedade moderna tecnocrática de consumo e também que, em sua negação pacífica e não política dessa sociedade, esses moços e essas moças descobriram uma arma extremamente poderosa: a extrema redução de suas necessidades, a possibilidade de viver em comunidade de maneira muito pobre e com muito pouco dinheiro.

Obviamente, o mesmo problema se coloca tanto para os jovens radicais como para os jovens hippies: eles serão ou não recuperados afinal (e, se sim, em que proporção?) pelo *establishment* e pela sociedade de consumo?

Para os esquerdistas, a resposta depende em grande medida da formação de movimentos socialistas não integrados à sociedade existente e não enfeudados a nenhum tipo de instituição estatal às quais poderiam se integrar.

Para os jovens hippies, o problema é mais complexo. É evidente que somente uma pequena minoria conseguirá viver de modo duradouro à margem da sociedade e da produção. Ou a maioria se deixará recuperar e reintegrar pelos meios conformistas da sociedade de consumo, ou – e essa é a única esperança positiva que comporta essa corrente – o movimento de pequenas coletividades, de comunas que está se desenvolvendo entre eles ganhará amplitude e conseguirá – dadas as poucas necessidades materiais de seus membros – inserir-se na produção por meio de profissões marginais, que demandam trabalho irregular ou em tempo parcial, criando assim ilhas originais de vida humana, comunitária e – por que não? – socialista, em uma sociedade baseada no interesse individual e na eficácia. Eu não ousaria dizer que as chances de uma evolução como essa sejam grandes desde já, mas elas existem e era preciso mencioná-las.

Uma última palavra para terminar. A mesma experiência histórica que nos leva a ver a importância dos movimentos radicais e do papel que podem desempenhar na história deve nos tornar atentos também para os perigos que contêm. Se a burguesia francesa tomou o poder aliando-se ao povo e apoiando-se nele, ela também se livrou dele de maneira bárbara e sangrenta em junho de 1848 e em 1871, após a queda da Comuna. Não se pode desconsiderar que uma evolução radical rumo à modernização leve, em seguida, a um conflito entre uma minoria privilegiada de produtores e as massas em que essa minoria se apoiou para realizar suas aspirações, mas tentará em seguida eliminar da produção e da gestão, e quererá eliminar sobretudo a influência. Acredito que uma das funções mais importantes dos pensadores socialistas contemporâneos é contribuir, na medida do possível, para que confrontos como esses sejam reduzidos ao mínimo e as conquistas socialistas e humanistas sejam não só um elemento essencial da evolução vindoura, mas guardem também um caráter duradouro.

Ainda hoje, e apesar de todas as transformações e modificações que é extremamente importante analisar de maneira positiva e científica, a alternativa formulada por Marx e por Rosa Luxemburgo continua válida: nos dois pólos extremos da evolução delineiam-se as duas imagens extremas da barbárie e do socialismo.

Quanto à evolução histórica, que nada mais é que o resultado global das ações humanas, acredito que seja razoável esperar que ela evitará a primeira, ainda que devamos aceitar como real o risco de que ela não realize inteiramente o segundo. O fundamental é fazermos todo o possível para que essa evolução nos aproxime o suficiente do socialismo de modo a reduzir a barbárie ao mínimo.

Paris, setembro de 1970.
Marxisme et sciences humaines, p. 7-15

Balanço teórico[14]

Brigitte Devismes: Na área da sociologia literária, que relações a teoria mantém com os objetos que ela criou, mesmo que eles existissem antes dela?

Lucien Goldmann: É evidente que toda etapa nova do pensamento teórico, todo progresso decisivo da pesquisa e dos métodos de pesquisa levam, na maioria das vezes, a uma reestruturação do objeto; não se deve esquecer que não só o objeto do pensamento científico, mas também o objeto da consciência cotidiana não são simples dados objetivos e externos que o homem percebe ou conhece de maneira puramente passiva. As pesquisas psicológicas e epistemológicas contemporâneas – e penso em especial no trabalho de Jean Piaget – mostraram que já o simples objeto imediatamente percebido – um isqueiro, um livro, uma cadeira etc. – é uma construção ligada à práxis dos homens e ao grau de conhecimento que eles têm num determinado momento da realidade ao seu redor, do conhecimento que é, ele próprio, um elemento decisivo de sua práxis. Assim, cada vez que o pensamento científico faz um progresso decisivo, ele modifica com isso a práxis e a maneira de perceber e coordenar os dados; é levado, portanto, a reestruturar seu objeto. É verdade também que, se a reestruturação do objeto não é anterior ao progresso científico, mas resulta dele, a nova etapa do pensamento teórico somente se tornará efetivamente realizável no momento em que for estabelecido o acordo entre os novos métodos, os novos dados experimentais e o objeto novamente estruturado. Uma espécie de equilíbrio deve se instaurar entre, de um lado, a reestruturação do objeto, a criação de novos objetos teóricos e, de outro, a nova etapa da pesquisa.

Devismes: O que o senhor pensa do atual uso do conceito de "corte epistemológico"?

Goldmann: Trata-se de um conceito que está em voga, mas que – pelo menos nas ciências humanas – provoca muitos problemas. Parece ter sido formulado primeiro por Bachelard, mas parece-me evidente que seu status não é

---

[14] Entrevista para a revista *VH 101*, 1970.

o mesmo nas ciências humanas e nas ciências físico-químicas. A física, a química e talvez, em certa medida, a biologia – não tenho competência para opinar sobre isso – são levadas, hoje, a reestruturar seu objeto de tal maneira e a um grau tal que ele se torna radicalmente diferente dos objetos da consciência cotidiana. Para falar num nível absolutamente elementar: por mais que o astrônomo saiba que a Terra gira em torno do Sol, mesmo assim ele dirá à sua mulher ou seu filho: "O sol nasceu, já está na linha do horizonte", o que, do ponto de vista científico, é evidentemente uma heresia.

Só que esse conceito de corte epistemológico – isto é, de uma ruptura radical entre o universo da consciência imediata e o da reflexão científica – foi sensivelmente modificado e usado de maneira bastante arbitrária por diferentes teóricos que, partindo de Bachelard, tentaram introduzi-lo nas ciências humanas. Em primeiro lugar, os althusserianos fizeram do corte epistemológico não uma ruptura entre o mundo da consciência cotidiana e o da ciência, mas um corte radical entre o que eles chamam de "ideologia" e o que eles chamam de "ciência". Ora, eles chamam de "ideologia" qualquer reflexão estruturada por valores e categorias correspondentes a um sujeito coletivo particular, e pretendem poder elaborar nas ciências humanas uma reflexão e uma pesquisa teóricas de validade universal.

A diferença em relação à situação nas ciências físico-químicas situa-se em dois planos conexos e complementares: o do status das ciências humanas contemporâneas em relação às ciências físico-químicas e o dos domínios que o corte epistemológico supostamente separa.

No primeiro desses planos, o das ciências humanas, estamos muito longe de ter atingido – exceto talvez na lingüística – uma verdade de caráter universalmente humano, comparável à da pesquisa científica na física e na química. É óbvio que nenhuma verdade científica é definitiva, mas as categorias do pensamento científico nas ciências físico-químicas correspondem, hoje, aos interesses e às aspirações de todos os grupos sociais constitutivos da sociedade moderna. Daí um acordo fundamental entre as pesquisas realizadas em Nova York e Moscou, Paris, Roma e Varsóvia. Em compensação, nas ciências humanas, os valores particulares ligados às classes sociais, às nações etc. ainda desempenham um papel decisivo na estruturação das pesquisas e – a menos que haja uma mudança social radical – não há nenhuma forma de eliminá-los inteiramente. Nessas condições, a maneira mais eficaz de chegar o mais próximo da objetividade me parece ser, ao contrário, o esforço de tornar esses valores tão explícitos quanto possível, de modo a facilitar a crítica proveniente de posições diferentes ou adversas.

Segundo plano: mesmo nas ciências físicas ou químicas, ninguém se permitiria fazer, acredito, o que fazem os althusserianos, ou seja, afirmar que a teorização de sua escola – considerando esse termo no sentido relativamente amplo de estruturalismo não genético – é "ciência" e que tudo que foi feito anteriormente ou ainda é feito por outras vias é "ideologia". Nas ciências físico-químicas, a noção de corte epistemológico tem o sentido de um corte entre o universo do pensamento científico e o da consciência cotidiana, mas todo pesquisador sério aceita que suas análises teóricas sejam discutidas e empiricamente verificadas num conjunto científico que pode comportar toda uma série de teorias diferentes; admite também que suas pesquisas serão um dia superadas e corrigidas pelo progresso da pesquisa científica. Quando os althusserianos dizem: "Tudo que se faz fora de uma determinada escola é ideologia", é ainda mais ingênuo porque o mínimo olhar sobre o conjunto da pesquisa em ciências humanas mostra até que ponto eles próprios são bem mais ideológicos do que certo número de trabalhos que os precedeu.

Devismes: Eles pensam que a teoria científica da realidade social marxista lhes permite ter critérios não ideológicos. Mas em que medida eles superam o status da alienação tal como definido por Marx?

Goldmann: O problema é muito mais simples: no próprio interior do marxismo, os althusserianos afirmam que quase tudo que foi feito antes deles era ideológico, ou então – essa é a posição de Althusser em relação a Marx – era *implicitamente* científico, mas no plano *explícito*, cheio de confusão e de ideologia, o que lhes permite separar, nos escritos de Marx, o que coincide com seu próprio pensamento do que não coincide, e às vezes até introduzir idéias totalmente ausentes deles. Na verdade, existe aí a afirmação de uma ruptura de continuidade com o pensamento anterior que não corresponde nem à história real das ciências humanas nem à história do pensamento marxista. De fato, cabe dizer que um determinado número de idéias fundamentais dos althusserianos – por exemplo, a aproximação de Marx e Spinoza – constitui uma simples volta ao materialismo mecanicista já desenvolvido no início do século. Plekhanov já aproximava Marx de Spinoza, e foi preciso justamente superar essa posição para avançar na pesquisa positiva.

Basta citar um fato que tem valor apenas de sintoma, mas parece-me decisivo: quaisquer que sejam as diferenças entre químicos ou físicos, existe entre eles, hoje, elementos comuns suficientes para que não se possa levar a sério, mesmo que minimamente, qualquer pessoa que resolvesse propor, por exemplo, uma física proletária ou uma física das qualidades substanciais. Simplesmente seria impossível que suscitasse a menor discussão. Ora, estamos muito longe de tal consenso entre teóricos e pesquisadores nas ciências humanas. Queira ou não, os estruturalistas não genéticos representam uma escola entre muitas outras, particularmente dogmática, particularmente ideológica, na medida em que afirma ter criado e monopolizado a ciência.

Devismes: O senhor acha que Marx pode servir – já que tentou elaborar uma teoria científica – para fazer essa desconstrução do cotidiano, essa desconstrução do objeto percebido ideologicamente?

Goldmann: Essa desconstrução dos dados imediatos foi feita por todos os homens da ciência e também por todos os marxistas, há muito tempo. Mas aqui se acrescenta uma segunda questão sobre a qual eu gostaria precisamente de falar: o próprio status do corte epistemológico entre a consciência cotidiana e o conhecimento científico não parece – mesmo à parte as ressalvas que acabei de apontar – poder ser transposto tal e qual para as ciências humanas. Com efeito, se o astrônomo continua a perceber o sol como móvel, as coisas nas ciências humanas são ainda menos simples.

Na medida em que há uma identidade relativa do sujeito e do objeto, na medida em que as ciências humanas estudam a sociedade a partir de dentro e na medida em que, conseqüentemente, elas têm ao mesmo tempo o status de ciência e de tomada de consciência coletiva, a desestruturação do objeto imediato e a criação de um objeto científico carregam com elas uma reestruturação da consciência imediata, uma adaptação desta ao nível científico. Ao contrário da situação do astrônomo, da qual falávamos, um estudo científico dialético das cruzadas, de uma peça de Racine ou do modo de funcionamento da mais-valia, uma vez que se torna conhecido e aceito, modifica a percepção imediata desses objetos.

De modo que, em última instância, não há corte epistemológico radical e duradouro entre a pesquisa teórica e a consciência imediata, a não ser temporariamente, enquanto as análises teóricas não forem bastante difundidas e aceitas. Em suma, ainda que as ciências humanas sejam muito menos desenvolvidas que as ciências físico-químicas, elas já estruturaram profundamente a percepção imediata: quando se conhece a análise marxista, é difícil pensar na Revolução de 1789 ou na Revolução Inglesa e em Cromwell sem ligá-los à burguesia.

Devismes: Ou simplesmente ver a realidade cotidiana do trabalho e da produção.

Goldmann: Sem pensar na mais-valia ou na exploração.

Devismes: E quais são, em sua opinião, os limites do marxismo nesse plano, como teoria científica que permite sair da alienação ou, pelo menos, revelar a alienação?

Goldmann: Há, na história do pensamento marxista, uma célebre discussão suscitada por uma das obras mais importantes não só da história desse pensamento, mas da história da filosofia em geral, o livro de Georg Lukács, *História e consciência de classe**, em que um dos capítulos é intitulado: "A mudança de função do materialismo histórico". Ainda que a possibilidade dessa mudança estivesse ligada à vitória da revolução e à realização de sociedades sem classes, e situada num futuro que Lukács previa, é verdade, como muito próximo, você pode imaginar que os defensores da ortodoxia dogmática e do que Kolakowsky denomina "marxismo institucional" não ficaram encantados com essa perspectiva.

Na realidade, não há nenhuma razão para não admitir que o materialismo histórico e o marxismo dialético, que estão ligados ao desenvolvimento da classe operária e ao movimento socialista no interior da sociedade capitalista – isto é, a um sujeito coletivo particular no interior da sociedade global –, implicam, ao mesmo tempo que são as formas mais avançadas de conhecimento da sociedade alcançadas até hoje, limitações inerentes a esse status sociológico.

Dito isso, e considerando ao mesmo tempo, de um lado, que o marxismo tem

---

* Georg Lukács, *História e consciência de classe*, cit., (N. E.)

uma superioridade científica real sobre todas as outras teorias dos fatos sociais – positivista, psicanalítica, estruturalista não genética – e, de outro, que ele também será provavelmente superado e integrado pelo pensamento científico que se desenvolverá numa sociedade sem classes, não se deve esquecer que ele próprio tem uma história que se estende por mais de um século, durante o qual, é óbvio, ele foi submetido a todas as transformações da história social, política e intelectual das sociedades européias. Para citar apenas um fato particularmente importante: ao desenvolvimento do positivismo na ciência em geral e nas ciências sociais em particular, no fim do século XIX e ao longo do século XX, correspondeu o desenvolvimento de um marxismo positivista e muito pouco dialético. Já se encontram traços desse positivismo nos últimos textos de Engels, mas sobretudo nos textos dos principais teóricos marxistas posteriores. Plekhanov, Kautsky, Mehring e mesmo Lenin, na época em que escreveu *Materialismo e empiriocriticismo**, eram certamente mecanicistas e muito mais próximos, em suas posições metodológicas fundamentais, da ciência universitária de sua época do que das análises de Marx. O renascimento do pensamento dialético situa-se em torno da crise européia da Primeira Guerra Mundial e, mais tarde, em torno da Revolução Russa. Foi quando, em três lugares diferentes, foram redigidas uma série de obras eminentemente dialéticas: os *Cahiers philosophiques* [Cadernos filosóficos] de Lenin, *História e consciência de classe* de Lukács e, alguns anos depois, na Itália, a obra de Antonio Gramsci. Essa conjunção obriga o historiador marxista a se perguntar quais são os fundamentos sociais dessa guinada, por que ela durou apenas um tempo muito limitado e por que foi interrompida no nível das análises filosóficas e metodológicas. Trata-se de uma pesquisa que ainda deve ser feita, mas uma coisa é certa: as resistências a esse renascimento temporário do pensamento dialético foram muito fortes e o desenvolvimento do stalinismo finalmente o asfixiou. Lembremos, nesse contexto, a publicação e a redescoberta dos manuscritos do jovem Marx, que desempenharam um papel tão importante na discussão dos últimos anos, e aos quais inúmeros pensadores atribuem esse renascimento do pensamento dialético. Na verdade, a redescoberta e a publicação desses textos foram elas próprias condicionadas pelo renascimento do qual aca-

---

* Ed. port.: Vladimir Lenin, *Materialismo e empiriocriticismo* (Lisboa, Estampa, 1971). (N. E.)

bei de falar, que elas obviamente contribuíram para reforçar. No entanto, não devemos esquecer que nem Lenin, nem Lukács em 1923, nem Gramsci conheciam esses manuscritos, e que encontraram o pensamento dialético nos escritos da maturidade de Marx, principalmente em *O capital*. Podemos acrescentar que foi provavelmente a publicação de suas obras que permitiu compreender a importância de um conjunto de manuscritos facilmente acessíveis aos historiadores – eles se achavam nos arquivos do partido socialista alemão – desde o fim do século XIX. Em seguida, a crise européia, com o crescimento correspondente ao existencialismo, permitiu a preservação marginal de certo número de pesquisadores e pensadores "heterodoxos" que conservaram sua ligação com o pensamento dialético e continuaram nessa via, enquanto recentemente o desenvolvimento da sociedade tecnocrática provocou um retrocesso considerável das ciências humanas, com o desenvolvimento do estruturalismo não genético e da corrente althusseriana que a ele corresponde no interior do pensamento marxista. Admitindo que mesmo as melhores obras marxistas não representam "a ciência", mas simplesmente uma etapa na história desta, que, por sua vez, será superada e integrada, penso que existem aí alguns princípios metodológicos que provavelmente não serão colocados em questão, ou seja, a importância metodológica do estudo das relações entre o todo e as partes, o que Lukács denomina o princípio da totalidade; a identidade parcial entre o sujeito e o objeto; o caráter histórico dessas relações e a necessidade de estabelecer sua forma específica em cada estudo concreto.

Devismes: O senhor pensa que quanto mais uma teoria sobrevive, melhor ela é, no fundo, e que uma teoria ruim é logo eliminada?

Goldmann: Não tenho tanta certeza. Talvez seja válido, hoje, nas ciências exatas, em que todo mundo admite o critério de falsificação experimental e em que o interesse da eficácia e da utilização técnica é universalmente admitido. Nas ciências humanas, em compensação, em que os interesses e as categorizações de grupos sociais particulares agem na elaboração e na manutenção das diferentes teorias, em que o elemento ideológico não pode ser ainda inteiramente eliminado, acontece de análises teóricas terem uma vida mais ou menos longa, sendo ao mesmo tempo, evidentemente, contrárias ao bom senso ou à experiência mais imediata.

Eu me lembro de, jovem estudante, já explicar a Maurice Halbwachs, muito espantado com essa insolência de um rapaz de 21 anos de idade, que as análises de Lévy-Brühl eram indefensáveis, na medida em que afirmavam que os primitivos eram impermeáveis à experiência. É claro que nenhum grupo humano poderia sobreviver sem estar mais ou menos adaptado à sua experiência, e o próprio Lévy-Brühl abandonou suas posições no final da vida. Mesmo assim, a influência e a persistência de suas análises foram muito fortes; a mim, elas parecem se dever a fatores sociológicos. O próprio Lévy-Brühl era, na verdade, um racionalista que jamais afirmou a superioridade do pensamento primitivo sobre o pensamento contemporâneo; eu diria até que ele tendia mais a sustentar o contrário. No entanto, desenvolvendo a idéia de uma mentalidade primitiva radicalmente diferente da nossa, irracional, mística e impermeável à experiência, Lévy-Brühl chegava no momento da grande decolagem do irracionalismo, que teve início por volta de 1910-1912 e se manifestou na França, em primeiro lugar, com o sucesso do bergsonismo; independentemente das intenções pessoais de Lévy-Brühl, o sucesso de suas teorias me parece baseado numa valorização social de fatos que ele pensava simplesmente descrever.

Devismes: Podemos dizer que a ideologia é mais forte quando produzida por uma situação econômica que faz com que...
Goldmann: Por que somente econômica?

Devismes: ... E social, que faz com que não se tenha interesse em admitir essa teoria? Que essa teoria vai contra o lugar que se tem na produção?
Goldmann: Ao contrário. O que consolida e favorece a sobrevivência de uma ideologia é seu caráter funcional para certos grupos, que vivem numa determinada situação social e política, é o fato de ela corresponder a seus valores e interesses. Acabamos de ver isso com as teorias de Lévy-Brühl.

Devismes: O senhor pensa que convém ver no crescimento da industrialização a causa desse interesse por uma teoria irracionalista?
Goldmann: Acredito que não. É preciso distinguir dois períodos históricos diferentes e as ideologias que correspondem a eles. A onda irracionalista, que se manifestou sobretudo no existencialismo, mas que, na França, país de velha tradição cartesiana, começou sob as formas mais atenuadas do sucesso de Bergson

e de Lévy-Brühl, está ligada ao que eu chamaria de período de crise do capitalismo, período em que o desenvolvimento dos trustes e dos monopólios tinha desregulado o mercado liberal, sem que nenhuma outra forma de regulação econômica tivesse sido criada para substituí-lo. Foi um período em que, entre 1914 e 1945 – para a França, 1962, fim da guerra da Argélia –, as crises militares, políticas, sociais e econômicas se sucederam com brevíssimos períodos de equilíbrio transitório e instável: guerra de 1914-1918, crise social e econômica na Alemanha de 1918 a 1924, a mais forte crise da história do capitalismo de 1929 a 1933, tomada de poder pelo fascismo na Alemanha em 1933, guerra de 1939-1945, e, na periferia do mundo industrial avançado, o fascismo italiano e a revolução espanhola.

Inversamente, o crescimento da sociedade tecnocrática após a Segunda Guerra Mundial e o estabelecimento de mecanismos de regulação econômica criaram uma situação inteiramente diferente. Essa situação substituiu a angústia e o irracional, pelo menos por um certo período, pela desideologização e pela integração a uma sociedade que eximia cada vez mais o indivíduo de qualquer responsabilidade para transferi-la às instâncias tecnocráticas, em troca de uma segurança relativa, de rendas mais elevadas e de uma possibilidade de maior consumo. Essa é a razão da passagem do existencialismo para as teorias do "fim das ideologias", do "fim do radar interno", do "homem unidimensional" e, em especial, do estruturalismo não genético. Desculpe-me dizê-lo, mas receio que você esteja projetando um pouco a problemática de hoje no período de 1914 a 1945.

Devismes: A problemática de hoje não é o resultado de uma industrialização que está se implantando. O sistema, ao contrário, chegou a se estender em absolutamente todas as áreas e há uma revolta contra esse sistema.

Goldmann: Ela tem razões muito diferentes. O existencialismo, o irracionalismo não foram revoltas, mas filosofias da evasão romântica e da angústia. Hoje, trata-se de reações de um tipo muito diferente. Acredito que as análises mencionadas anteriormente tomaram um simples período de transição por uma época histórica. A primeira geração, ainda traumatizada com a Grande Guerra e a crise econômica anterior, deixou-se facilmente integrar em troca de uma segurança relativa e de um nível de vida melhor. Em seguida, na mesma medida em que essas vantagens pareceram evidentes aos olhos das novas gerações, as contradições internas da sociedade tecnocrática se desenvolveram, e penso que os acontecimentos de maio e junho de 1968, e a contestação estudantil em geral, são uma das primeiras manifestações disso.

Devismes: Quais são os "pontos cardeais", se é que posso chamá-los assim, da teoria que leva às suas pesquisas sobre a literatura?

Goldmann: Toda percepção e todo pensamento é uma tentativa de colocar em ordem e de prestar conta do conjunto de dados empíricos que vêm do mundo exterior. A ciência trabalha, obviamente, sobre dados já organizados no nível perceptivo e, em seguida, no nível da consciência cotidiana e das teorias anteriores. Sua validade e sua fertilidade somente poderiam ser julgadas, portanto, no plano da verificação empírica e, subsidiariamente, no da coerência interna. No que diz respeito à sociologia dialética, certo número de conceitos fundamentais me parece constituir hoje uma conquista particularmente importante.

Em primeiro lugar, o do sujeito transindividual, termo que prefiro a "sujeito coletivo", que corre o risco de causar confusão com o pensamento durkheimiano. Se deixarmos de lado as ações de natureza puramente libidinal, e também as dimensões libidinais que fazem parte de toda ação humana, descobriremos que – ao contrário das assunções da filosofia racionalista, empirista e mesmo existencialista até Sartre, e inúmeros trabalhos psicológicos e sociológicos – toda ação que se situa na dimensão do domínio da natureza, da transformação social e da criação cultural tem sempre um grupo e não um indivíduo como sujeito. Para dar um exemplo simples, se Jean, Jacques e Pierre estão deslocando um móvel, é impossível dizer que o sujeito dessa ação é um deles e os outros dois são o objeto do pensamento ou do comportamento daquele primeiro: a partir dessa perspectiva, jamais compreenderíamos de uma maneira positiva a transformação que acaba de se produzir na rearrumação do cômodo. É preciso partir do sujeito transindividual Jean, Jacques e Pierre, estruturado de determinada maneira, que age sobre o objeto: o móvel. É preciso acrescentar que todo indivíduo que faz parte de um número muito grande de sujeitos transindividuais mais ou menos duradouros – família, grupo de amigos, associação profissional, classe social, nação etc. –, todo indivíduo e toda consciência individual é uma mistura que a ciência não poderia estudar como tal. Felizmente, no nível do sujeito transindividual, dos grupos, as diferenças individuais anulam-se mutuamente e a ação do sujeito torna-se apreensível pela pesquisa sociológica. Sobre esse ponto, é importante salientar que entre os inúmeros sujeitos transindividuais cujas ações se entrelaçam e que constituem a vida da sociedade global, há uma categoria cuja ação tem uma pertinência particular para as transformações históricas e, em especial, para a criação cultural; são os grupos sociais cujas práxis, consciência e afetividade são orientadas não para um setor particular da organização social global que procuram modificar, mas para essa organização global como tal, para o conjunto das relações inter-humanas e das relações entre os homens e a natureza, sejam por tenderem a conservá-las, sejam por tenderem, ao contrário, a transformá-las de maneira radical: trata-se das classes sociais. Compreende-se facilmente por que esses são os únicos sujeitos coletivos cuja práxis leva, no plano imaginário ou conceitual, à criação de um universo unitário e rico, e isso quer dizer grandes obras artísticas e literárias, assim como sistemas filosóficos.

Como já disse no início desta entrevista, a segunda idéia fundamental de todo pensamento dialético é que, no conhecimento da realidade humana, o sujeito e o objeto do pensamento e da ação são sempre parcialmente idênticos. Dessa perspectiva, todas as alternativas tradicionais que grassam nas ciências humanas – continuidade–descontinuidade, sujeito–objeto, determinismo–liberdade, teoria–práxis, e em especial uma das mais conhecidas, julgamento de fato–julgamento de valor – só poderiam ter uma validade relativa e puramente pragmática, a de instrumentos de pesquisa, sem jamais constituir alternativas absolutas. Toda pesquisa que se esquece disso corre o risco de se extraviar e levar a uma distorção radical dos fatos que ela se propõe a estudar. Acrescentemos que a relação entre os dois elementos da alternativa varia de caso para caso e constitui a estrutura significativa cuja evidenciação me parece ser a tarefa mais importante da pesquisa empírica. Como dizia Piaget, há continuidade funcional e descontinuidade estrutural: a evidenciação dessas duas dimensões constituindo a estrutura significativa. A título de exemplo, o homem jamais é inteiramente livre, pois sua ação é limitada não só pelas estruturas do mundo social e natural ambiente, mas da mesma maneira, e às vezes mais ainda, por suas próprias estruturas psíquicas e mentais, estreitamente ligadas às anteriores; no entanto, ele não é também estritamente determinado, na medida em que essas limitações estruturais sempre lhe deixam um campo de ação que lhe permite transformá-las pela ação de sujeitos transindividuais e, com isso, aumentar ou diminuir seu campo de liberdade.

Do mesmo modo, a dicotomia funcionalidade–disfuncionalidade que rege um grande setor da sociologia contemporânea me parece inaceitável na medida em que todo processo disfuncional em relação a uma estrutura existente somente poderia nascer do comportamento de um grupo humano para o qual essa estrutura se tornou irracional e inadequada, e que está tentando criar uma nova funcionalidade (obviamente, deixo de lado as disfuncionalidades psíquicas geradas pela libido).

Devismes: Então não é possível fazer uma teoria do que deve ser sem ser na ideologia?

Goldmann: Uma sociologia dialética sempre se esforça para relacionar os julgamentos de valor, as ideologias conservadoras, críticas ou revolucionárias não só com a realidade a que se referem, mas também com a realidade que os gera; evidenciar o verdadeiro significado das valorações e suas chances de se realizar a partir de seu fundamento nas tendências que se desenvolvem na realidade social existente, que, aliás, são elas próprias resultado dos comportamentos humanos, ou seja, das valorações. Assim, as valorações são baseadas na realidade e vice-versa. Esse é um dos aspectos mais importantes da identidade parcial do sujeito e do objeto, que diferencia radicalmente a posição dialética de qualquer posição moralizante como é, por exemplo, a da Escola de Frankfurt e, em especial, a de Herbert Marcuse. Para esses pensadores, que criticam e condenam a sociedade contemporânea sem se perguntar em que medida essa crítica é baseada numa força social interna a essa sociedade, as únicas perspectivas tornam-se o isolamento do pensador no mundo de seus pares, ou a ditadura provisória e temporária dos filósofos que deveriam transformar a sociedade.

O terceiro conceito importante para a sociologia dialética é o do máximo de consciência possível, essencial para determinar o campo de variações que se pode prever numa estrutura social, e absolutamente central quando se trata de estudar as grandes criações culturais.

Depois de ter enumerado esses três conceitos que separam radicalmente o pensamento dialético de qualquer positivismo e de qualquer estruturalismo não genético, eu gostaria de salientar o que ele pode ter em comum com esse último.

Como os estruturalistas não genéticos, penso que nenhum fato humano poderia ser conhecido ou estudado fora da estrutura global da qual ele faz parte (e que, para mim, é ela mesma um elemento de uma estrutura mais ampla). Como eles, penso que todo estudo científico deve começar pela evidenciação de uma estrutura estática e equilibrada. Mas aqui termina a comunhão de pontos de vista entre as duas escolas, pois a concepção da estrutura e a razão dessa primazia *metodológica* do estático são nitidamente diferentes. Para o pensamento dialético, a gênese e o sujeito que é seu motor são uma dimensão absolutamente essencial a qualquer estudo científico, enquanto o estruturalismo não genético os elimina da ciência. Só que não se pode estudar uma gênese, uma transformação, sem saber o que se transforma e qual é a orientação da transformação. O estudo do desenvolvimento da burguesia e da sociedade moderna supõe, em primeiro lugar, os conceitos teóricos de feudalismo e de capitalismo, que correspondem a equilíbrios estáticos, mas são indispensáveis para apreender o processo histórico real de estruturação e desestruturação. A primazia do estudo das estruturas de equilíbrio tem assim um caráter *ontológico* para o estruturalismo não genético, e um caráter puramente *metodológico* para o estruturalismo genético.

Enfim, o próprio conceito de estrutura é radicalmente diferente nas duas escolas. Inspirado na lingüística, o estruturalismo não genético ignora e elimina o sentido, estudando no comportamento humano apenas a organização dos meios. O estruturalismo genético, ao mesmo tempo que reconhece a importância do estudo dos meios e a existência de estruturas não significativas que os organizam, pensa, ao contrário, que na práxis humana a função dos meios reside precisamente na possibilidade de criar estruturas significativas. Sobre esse ponto, acredito que, de modo paradoxal, nosso método está muito mais próximo das idéias fundamentais de Saussure do que a de todos aqueles que tentam estudar os fatos históricos e, em especial, os textos literários com métodos lingüísticos. Pois, se toda língua é de fato constituída de estruturas não significativas, já que sua função é precisamente permitir a expressão de *todos* os significados, se ela não pode ser nem pessimista nem otimista, já que deve permitir a expressão tanto da esperança como do desespero etc., o mesmo não vale para a palavra, que é sempre significativa. Saussure distinguiu claramente os dois domínios, o da língua e o da palavra, e seu método só pode ser aplicado à primeira precisamente porque a segunda é significativa e utiliza, em cada caso, somente uma parte do sistema lingüístico para expressar um significado.

Ora, partindo dessa distinção, parece-me difícil situar o comportamento tanto libidinal como histórico dos homens, e sobretudo a criação cultural em geral e a literária em particular, no campo da língua e não no campo da palavra. Isso quer dizer que nenhum fato literário, que é um fato de palavra, poderia ser estudado *enquanto fato literário*, unicamente ou em primeiro lugar com métodos de tipo lingüístico.

Para terminar, eu diria que isso me parece impossível, mesmo que queiramos nos limitar ao plano dos meios, ou seja, nesse caso, ao aspecto puramente lingüístico. Há, de fato, duas dificuldades maiores, e em última instância insuperáveis, para um estudo desse tipo:

a) do ponto de vista lingüístico, a língua é um sistema do qual somente uma parte é utilizada em cada texto literário particular. Não vemos nesse caso o que – se não a inteligência e a perspicácia do pesquisador – poderia garantir, no estudo lingüístico de um texto literário, a revisão total dos meios utilizados que, nesse texto, não constituem um sistema, repito, nem o que poderia permitir sua verificação;

b) mesmo supondo essa revisão completa nos diferentes planos do estudo lingüístico, não vemos absolutamente, se fizermos abstração da estrutura significativa global da obra, o que poderia permitir a separação das estruturas *pertinentes* daquelas que não o são ou que são até puramente acidentais.

Em compensação, se partirmos do estudo das estruturas significativas que, nas grandes obras, têm um caráter sistemático, vemos muito bem como poderia se efetuar em seguida, e a partir daí, um estudo de sua dimensão lingüística, dos meios que permitiram exprimir o sentido, e de qual utilidade maior ele poderia ter para a compreensão da obra estudada.

Revista *VH 101*, n. 2, 1970, p. 34-5

Georg Lukács (1885-1971), em desenho do húngaro Tibor Kaján: "Meu caminho até Marx".

Fragmentos inéditos

(A partir das anotações feitas por Michael Löwy
nos cursos de Goldmann, na École Pratique des Hautes Études)

DEBATE ENTRE GOLDMANN E LUCIEN SEBAG
(Sobre os *Manuscritos econômico-filosóficos**)

Abril de 1962

Sebag: Exagerou-se consideravelmente a oposição entre as obras de juventude e de maturidade de Marx: trata-se antes de uma diferença terminológica, não de conteúdo básico. É verdade que há temas que foram abandonados nos trabalhos econômicos da maturidade; no entanto, essa oposição foi aprofundada, hoje, por razões políticas e não científicas.

Goldmann: É verdade, de modo geral; os stalinistas, de um lado, os católicos de esquerda e idealistas, de outro, acentuam a oposição, em princípio por falsa consciência e, depois, por má-fé...

Sebag: A interpretação jesuíta é extrínseca à realidade dos próprios textos.

A prova da não-oposição é: Lukács descobriu as idéias do jovem Marx a partir de *O capital*? Nos *Manuscritos econômico-filosóficos*, Marx critica as "categorias objetivas", as leis, variáveis relacionadas etc., da economia política clássica (Adam Smith, Ricardo), construídas como um mecanismo reificado. Marx mostra que os grupos sociais e sua ação estabelecem o campo sociológico no in-

---

* Karl Marx, *Manuscritos econômico-filosóficos* (trad. Jesus Ranieri, São Paulo, Boitempo, 2004). (N. T.)

terior do qual as variáveis econômicas têm um sentido. Ele passa do "prático-inerte" para as relações sociais.

Goldmann: Concordo, mas os *Manuscritos* não são um texto puramente sociológico. Você não pode compreender os *Manuscritos* sem referência aos valores, a certa filosofia da história. A filosofia da história de Marx é a tendência da humanidade à realização do homem total.

É preciso ter uma tomada de posição voltada para um futuro desalienado para poder criticar a sociedade capitalista.

O que caracteriza a insuficiência da sociologia oficial é a ausência da categoria do possível.

Debates entre Goldmann e Marcuse (1961-1962)
(École Pratique des Hauts Études)

5 de dezembro de 1961

Marcuse: Os indivíduos ou classes que se tornaram os objetos da administração total, como eles podem se tornar os sujeitos de sua ação? A transformação estrutural da classe operária no capitalismo organizado explica o declínio do potencial revolucionário do Ocidente.

Goldmann: É o problema do fim da história: ainda é possível uma mudança qualitativa ou estamos condenados à continuidade, à repetição do regime social estabelecido? Entre seu pessimismo e o otimismo da mudança automática situa-se a sociologia.

Será que as tendências à criação de uma mentalidade conformista, em conseqüência da reificação e do trabalho em cadeia, não são contrabalançadas por uma exigência de controle pela classe operária? As duas possibilidades estão abertas; não se pode profetizar. A história depende do comportamento dos homens, de uma série de imponderáveis: estamos mais do que nunca diante de uma *aposta*.

O problema colocado por Marcuse é o dos efeitos sociais e históricos da industrialização levada ao seu extremo. Mas eu me pergunto se a administração total de que fala ele é realmente inerente à tecnologia, à própria indústria moderna: ela não seria antes uma conseqüência da reificação capitalista, de um lado, e da burocratização da URSS cercada, de outro? Ou seja, um fenômeno histórico condenado a desaparecer?

*

9 de dezembro de 1961

Marcuse: Em Hegel, a razão torna-se conceito histórico: o próprio conteúdo da razão se define através da história.

Goldmann: De fato, para Hegel, a razão é histórica e a história é razão. A ignorância desse princípio, aliás, é uma das deficiências mais graves da sociologia empírica. No entanto, como explicar, nesse quadro teórico, a irracionalidade de um fenômeno histórico como o fascismo?

Marcuse: A razão se desenvolve de maneira contraditória. O fascismo é um elemento, um momento de um processo histórico racional; mas é em si mesmo irracional. A razão histórica se realiza através do irracional.

Goldmann: Enquanto elemento, enquanto aspecto da razão global, cada acontecimento deve ter um caráter racional. Por exemplo, não se deve explicar o fascismo, o stalinismo ou o jansenismo por argumentos psicológicos: o orgulho, a estupidez, a maldade, a ignorância, o culto da personalidade etc. Deve-se compreender o caráter parcialmente racional, para um grupo, para uma classe social, de acontecimentos como o fascismo, que correspondem aos interesses "racionais" dessa classe.

Marcuse: É a célebre *List der Vernunft* [astúcia da Razão] de Hegel. Por meio do irracional, da paixão, do erro, realiza-se a razão histórica.

Goldmann: Gostaria, agora, de levantar outro problema do pensamento dialético, ligado ao que acabamos de discutir: a existência de uma força social objetiva, capaz de dominar a história, de superar as contradições. Para Hegel, existe uma força superior, acima da história: a *fürstliche Gewalt*, traduzida por Kojève e Jean Wahl como "a burocracia" (Stalin seria um continuador de Hegel?). Em compensação, Mannheim acredita encontrar na *Freischwebende Intelligenz*, a intelectualidade sem amarras, uma força acima da sociedade, capaz de conhecer a verdade objetiva. É possível que, em determinado momento histórico, passageiro, os intelectuais ou a burocracia tenham uma importância particular; todavia, trata-se de um privilégio circunstancial e não definitivo.

Marcuse: Há um único privilégio para Hegel (e sobre isso concordo com Hegel): o privilégio do pensamento, a primazia do pensamento. No estágio livre da história, no reino da liberdade, o pensamento seria universal, e todos os homens teriam acesso a esse status privilegiado.

É preciso conhecer o mundo antes de mudá-lo. Daí a primazia da ciência, do saber conduzindo a ação social e política.

Goldmann: Pensamento e ação formam um todo. Contra Hegel, que proclama a primazia do pensamento, a posição de Marx é rigorosamente *monista*. Você trata a matéria somente como objeto do pensamento, e não como sujeito, não como matéria que pensa a matéria.

O conceito não é simplesmente uma adaptação, uma adequação do pensamento à realidade: ele é um elemento dessa realidade, que já a transforma. É essa exatamente a diferença fundamental entre o positivismo e a dialética. Para a dialética, os fatos e os conceitos são idênticos, em certo sentido. O conceito faz parte dos fatos. A possibilidade de mudar a realidade de acordo com o conceito define a verdade e não o conceito. Para o positivismo, ao contrário, o conceito falso é aquele que não se adapta aos fatos, que se desenvolvem independentemente dos conceitos.

*

17 de fevereiro de 1962

Marcuse: Uma das condições fundamentais do progresso histórico é o desenvolvimento de uma consciência livre que se opõe à ordem estabelecida, uma consciência infeliz.

A consciência infeliz é a única capaz de sentir a necessidade absoluta de uma transformação e superar o estágio dado das coisas. A mudança histórica não pressupõe somente a liberdade, mas também a infelicidade e a consciência dessa infelicidade.

Goldmann: Marx já escrevia que "a humanidade não se coloca problemas que ela não possa resolver". A infelicidade objetiva não é suficiente para que os fatores de superação existam. Eu formularia o problema nos seguintes termos sociológicos: o processo de desestruturação interna de um sistema, de um equilíbrio social, é a condição para que os homens sintam a necessidade de uma mudança. O jansenismo é um exemplo típico da consciência infeliz que não é capaz de mudar as estruturas existentes.

Um estudante: Não existe uma contradição entre a concepção de uma "astúcia da Razão" que age pelas costas dos homens e a tese, defendida por Marcuse, de que a tomada de consciência é a condição do progresso histórico?

Marcuse: A consciência se manifesta somente nas grandes viradas da história, como, por exemplo, a Revolução Francesa.

Goldmann: A meu ver, a "astúcia da Razão" não é um conceito aceitável para as ciências sociais. A astúcia da história só pode significar o seguinte: o resultado da ação humana não corresponde aos seus desejos subjetivos; o caráter racional desse resultado só é visível *post festum*, por um observador que chega depois.

A PROPÓSITO DOS *GRUNDRISSE*

12 de fevereiro de 1963. *Observações a respeito do capítulo sobre o dinheiro*

Não se pode analisar o dinheiro isolado do contexto estrutural de conjunto. O dinheiro expressa o desdobramento da mercadoria entre o valor de uso e o valor de troca (relação social que toma a forma de qualidade dos objetos).

Eu me pergunto se, a propósito disso, não há certa analogia entre as análises sociológicas de Durkheim e as de Marx. Para Durkheim, a divisão orgânica do trabalho produz certa forma de "liberdade", ou seja, uma coação impessoal, distinta da coação institucionalizada das sociedades tradicionais, de solidariedade mecânica. Ora, Marx mostra que na economia mercantil os homens são submetidos a uma coação impessoal, a das "leis econômicas", do dinheiro.

Com a passagem da sociedade tradicional, estruturada em torno do interesse social, para a sociedade de mercado, o interesse social perde seu caráter inter-humano para se tornar uma "lei econômica" externa aos homens, à qual eles podem apenas se submeter, ou protestar, como diante dos acontecimentos naturais.

Na sociedade tradicional e na sociedade socialista, o vínculo social tem um caráter *imediato* e *transparente*. Na sociedade de mercado, ao contrário, esse vínculo é não consciente e *mediado* pelo dinheiro.

Donde o forte impacto do dinheiro na vida social, seu efeito dissolvente sobre a moral tradicional (ver *Timon de Atenas**, de Shakespeare) e sobre as estruturas da sociedade tradicional. Com o desenvolvimento do mercado, assiste-se a uma estruturação de novas formas – reificadas – da vida social e psíquica. Por exemplo, o desejo humano de posse de valores de uso é progressivamente dominado pelo desejo reificado de posse de valores de troca, de dinheiro, cuja forma extrema é a avareza. Isso significa, ao mesmo tempo, uma perda progressiva de qualquer relação humana autêntica com a natureza e os objetos.

---

* William Shakespeare, *Timon de Atenas* (trad. Barbara Heliodora, Rio de Janeiro, Lacerda, 2003). (N. T.)

21 de janeiro de 1970. *Os Grundrisse e O capital*

Não convém traduzir *Grundrisse* por "Fundamentos da crítica da Economia Política", mas antes por "Esboço de uma crítica da Economia Política"; em outras palavras, convém considerar os *Grundrisse* uma *etapa* de Marx em direção a *O capital*. O corte epistemológico é uma blague althusseriana, mas é verdade que há uma trajetória intelectual e científica de Marx para *O capital*, a mais definitiva de suas obras.

É possível dizer que, em certa medida, o elemento humanista, histórico e sociológico é mais acentuado nos *Grundrisse* do que em *O capital*. Os *Grundrisse* insistem mais na realidade histórico-social que está por trás da axiomatização das categorias econômicas. Mas não se deve esquecer do capítulo sobre o fetichismo em *O capital*. E é preciso acrescentar que Lukács e Gramsci descobriram a problemática humanista e histórica no próprio *O capital*, antes mesmo que as obras de juventude e os *Grundrisse* fossem publicados. Podemos dizer até que foi depois da redescoberta da dialética marxista por Lukács, em 1923, que os manuscritos inéditos, esquecidos nas gavetas por Kautsky e Bernstein, testamenteiros dos escritos de Marx, foram "descobertos" e aos poucos publicados.

*

15 de abril de 1970. *Sobre o modo de produção asiático*

O capítulo mais interessante dos *Grundrisse* é provavelmente aquele sobre o modo de produção asiático, que desenvolve certos temas que quase não aparecem mais em *O capital*. O significado metodológico do conceito de modo de produção asiático é fundamental: a via de qualquer sociedade rumo ao capitalismo não é necessária ou inevitável; existem vias de evolução socioeconômicas diferentes, segundo certas condições específicas, históricas ou mesmo geográficas.

Para Marx, o modo de produção asiático é constituído por uma rede de comunidades cuja produção é consumida localmente, dominada por um Estado autoritário e burocrático que garante os meios de produção não locais, estradas, obras de irrigação etc. Não há estrutura intermediária entre o Estado central e as comunidades locais, e as mudanças políticas superestruturais (invasões, substituição de dinastias, guerras) não produzem a menor transformação no nível social e econômico.

O modo de produção asiático é, portanto, uma variante possível do processo histórico, distinta dos modos de produção que a Europa conheceu: sociedade antiga (greco-romana), sociedade eslava, sociedade germânica etc. Em outras palavras, a evolução a partir da tribo primitiva pode tomar formas diversas: não há um determinismo histórico linear estrito.

O primeiro pensador marxista do século XX a retomar a problemática do modo de produção asiático foi Trotski, em *1905* e no *Bilan et Perspectives* [Balanço e perspectivas] (1906). Para Trotski, a Rússia czarista era um despotismo oriental, um Estado autoritário e centralizado que dominava uma sociedade sem camadas intermediárias (ausência de uma nobreza autônoma em relação ao Estado, fragilidade da burguesia russa). Foi a partir dessa análise que Trotski criou sua estratégia de *revolução permanente*: o proletariado é a única força capaz de lutar contra esse Estado absolutista e destruí-lo. Uma vez no poder, o proletariado poderá criar condições para a transição para o socialismo.

Epistemologia diferencial e consciência possível

Projeto de pesquisa[1]

O problema que me interessa, em primeiro lugar, é a possibilidade de realizar uma pesquisa *epistemológica* orientada para o estudo diferencial de estruturas mentais correspondentes a diversos grupos sociais.

Essas estruturas mentais constituindo, como penso ter demonstrado em minhas pesquisas anteriores, não dados rígidos, mas *campos de variações* possíveis, ligados entre si por relações de tipo *estrutural*, um dos problemas mais importantes da pesquisa fundamental em sociologia me parece ser o desenvolvimento de métodos empíricos capazes de estudar não a consciência *de fato* de um grupo ou da grande maioria de membros de um grupo, mas a *resistência* às variações suscitadas, de modo a poder estabelecer uma espécie de mapa dos limites de variações possíveis dos elementos no interior de cada estruturação. Em resumo, trata-se de estudar, no nível do grupo, a consciência possível que se verificou ser o conceito fundamental no estudo sociológico do processo de criação literária e filosófica, mas que penso poderia se revelar também uma das realidades fundamentais que todo estudo sociológico positivo deveria apreender nos outros campos da pesquisa.

Portanto, o princípio da pesquisa repousa sobre três elementos:

a) estabelecer as resistências de acordo com um leque o mais amplo possível e em domínios diferentes;

b) fazer um inventário dessas resistências da maneira mais completa possível;

c) derivar o maior número dessas resistências de um número reduzido de categorias mentais ligadas entre si de modo a estabelecer estruturas de consciência possível.

---

[1] Esse texto foi escrito a propósito de uma pesquisa que Goldmann queria realizar sobre as estruturas mentais das camadas médias na sociedade contemporânea. Ele dá uma boa idéia da aplicação do método goldmanniano em uma área específica da sociologia da consciência.

Uma pesquisa como essa, que no momento me parece ter de se voltar, em primeiro lugar, para entrevistas dirigidas, individuais ou em grupos, centradas muito mais no estudo das *resistências* do que no dos conteúdos (embora esses últimos não sejam negligenciáveis), supõe o desenvolvimento de *novas técnicas* e, no início, demanda certo número de pesquisadores particularmente qualificados. Dado o domínio em que se deram até agora minhas pesquisas e as de meus colaboradores, proponho-me a realizar um estudo qualitativo e diferencial da aceitação de um número reduzido de obras culturais, ou seja, dois filmes e dois romances. Toda pessoa entrevistada poderá ser objeto de duas entrevistas complementares, uma sobre os dois livros e outra sobre os dois filmes, sendo o problema obter um material de discussão que seja ao mesmo tempo amplo o suficiente para se extrair dele uma rede de categorias mentais, porém não amplo demais, para que não se limite a um nível superficial.

Para responder a uma eventual objeção, cabe observar que para uma pesquisa centrada na estruturação das categorias mentais e da consciência possível, a amostragem mais eficaz *não é aquela que representa um modelo reduzido do conjunto dos membros dos grupos estudados*, mas aquela que reúne, na medida do possível, certo número dentre os indivíduos mais conscientes ou, pelo menos, os mais aptos a refletir e a tomar consciência de um problema. Foi com o objetivo de efetuar essa seleção dos membros mais conscientes que decidimos fazer uma pré-pesquisa por meio de um questionário destinado a desvendar a intensidade da atividade tanto cultural quando geral.

Na situação atual, há anos dirigindo um centro de sociologia da literatura no Instituto da Universidade Livre de Bruxelas, e tendo recebido a sugestão oficiosa de criar um centro análogo na Universidade de Montreal, tenho quase certeza de que essa pesquisa que estou realizando atualmente poderá se tornar, mais adiante, uma pesquisa piloto corroborada por trabalhos análogos em Bruxelas e, talvez, em Montreal.

1) *Pré-pesquisa*: Como dissemos, destina-se a selecionar os elementos mais conscientes dos grupos escolhidos da seguinte maneira:

Um questionário será amplamente distribuído no círculo de dirigentes e de profissionais liberais, de um lado, e entre funcionários de serviços públicos e de grandes empresas, de outro. De fato, os meios de que dispomos não nos permitem, para um trabalho aprofundado, estender nossas investigações a outros grupos; por outro lado, escolhemos uma faixa de idade compreendida entre 28 e 33 anos, aproximadamente, a fim de contatar os indivíduos no momento em que já resolveram os problemas de adaptação em sua profissão.

O questionário terá perguntas destinadas a estabelecer de maneira precisa a participação do indivíduo em atividades culturais (leitura, filmes, música, teatro, museus etc.) e, por outro lado, seu grau de engajamento em atividades tais como grupos esportivos, organização de refeitórios, de férias, de grupos de solidariedade etc. Uma vez selecionados cinqüenta indivíduos em cada um desses dois grupos, disporemos então da amostra com a qual será realizada a pesquisa propriamente dita.

2) *Pesquisa*: Será efetuada por meio de entrevistas individuais, *dirigidas* e não dirigidas:

a) distribuição de dois livros para o conjunto da amostra dos dois grupos selecionados. Pesquisa (ver acima) após a leitura, pela realização de cem entrevistas.

b) projeção para o conjunto da amostra, em cinco sessões, de dois filmes selecionados (vinte pessoas por exibição), seguida de cem entrevistas individuais.

c) entrevistas sobre os mesmos filmes por grupos médios (de dez a doze pessoas). Pelo confronto das opiniões, esperamos fazer despontar de forma mais viva os limites de consciência possível, através da evidenciação das resistências.

Pensamos partir de dois romances destinados a ilustrar os problemas da assimilação da mulher na sociedade. Para isso, escolhemos um romance clássico do século XIX, *Madame Bovary*, e um romance contemporâneo, que ainda não determinamos.

Quanto aos filmes, um falará sobre a atitude diante da vida moderna, tal como a problemática é expressa em *Sandra*, de Visconti ou o *Deserto vermelho*, de Antonioni, e o outro poderia ser, se o conseguirmos, *Zorba, o grego*, de Cacoyannis, que nos parece um filme centrado essencialmente na evasão.

Anexo

LUCIEN GOLDMANN OU A APOSTA COMUNITÁRIA*

Michael Löwy

Enquanto nos Estados Unidos e na América Latina o pensamento e a obra de Lucien Goldmann continuam suscitando um interesse muito grande, na França, ao que parece, o autor foi encoberto por um estranho esquecimento. É verdade que se trata de uma sociologia em ruptura total com a tradição dominante nas ciências sociais francesas, que vai de Auguste Comte a Lévi-Strauss e Louis Althusser, passando por Émile Durkheim. Mas, por outro lado, por sua reinterpretação de Pascal, ela não deixa de ser herdeira de uma corrente dissidente da cultura francesa moderna.

A importância de Goldmann resulta da dupla dimensão de sua obra, que é, a um só tempo, sociologia crítica e filosofia social. O tema da comunidade é o cimento que une esses dois momentos, proporcionando-lhes uma profunda coerência. Origina-se de uma crítica radical (porém dialética) da *visão individualista do mundo*, em todas as suas formas e variantes, desde Descartes até o século XX.

O *cogito* cartesiano inaugura uma forma de pensamento que conhece tão-somente o sujeito individual e faz do indivíduo isolado um começo absoluto: a mônada sem portas nem janelas de Leibniz, o empirismo inglês, o racionalismo do entendimento, o iluminismo, *o homo economicus* dos economistas clássicos, o *Eu* fichtiano, o novo *cogito* husserliano e o existencialismo são manifestações várias dessa mesma visão do mundo. Não se trata aí de uma lista exaustiva e poderiam ser acrescentadas muitas outras formas não estudadas por Goldmann,

---

* Publicado originalmente em *Estudos Avançados*, São Paulo, v. 9, n. 23, jan./abr. 1995. Tradução do francês de Jean Briant. (N. E.)

como a economia marginalista, o darwinismo social, a corrente do *individualismo metodológico* nas ciências sociais etc.

Enquanto sociólogo da cultura, Goldmann se interessa pelos fundamentos sociais e históricos de tal individualismo e examina criticamente os laços existentes entre o desenvolvimento da economia de mercado, na qual o indivíduo aparece como fonte autônoma das próprias decisões e atos, e o aparecimento das visões do mundo que vêem nesse mesmo indivíduo a fonte primeira do conhecimento e da ação. O Iluminismo do século XVIII francês é seu exemplo mais significativo.

> No momento em que os homens perderam toda e qualquer consciência da existência de uma organização global supra-individual da produção e da distribuição de bens, os filósofos das Luzes exigem, em alto e bom som, o reconhecimento do entendimento individual como a instância suprema que não se deve submeter a nenhuma autoridade superior.[1]

Sobre o fundamento do individualismo, há ainda outros laços que unem a filosofia das Luzes à burguesia: suas principais categorias mentais correspondem todas, em certo grau, à estrutura da troca comercial que constitui o núcleo da nascente sociedade burguesa. Isso vale para o *contrato*, enquanto modo fundamental das relações humanas, tanto como para a tolerância, a universalidade, a liberdade formal, a igualdade jurídica, a propriedade privada. Não se trata, para Goldmann, de negar a importância humana de várias dessas categorias, mas de mostrar seus limites e as conseqüências decorrentes de tal absolutização do indivíduo e do mercado, assim como a abolição de toda e qualquer realidade supra-individual – quer seja Deus, a totalidade, o ser ou a comunidade. O pensamento individualista concebe a sociedade apenas como uma soma de indivíduos e a vida social como simples produto do pensamento e das ações de grande número de indivíduos, cada um dos quais constituindo um ponto de partida absoluto e isolado[2]. A relação dos indivíduos com a totalidade social não pode ser diferente daquela que eles têm com o mercado: a observação de seu movimento "objetivo", o "estudo" de suas "leis científicas".

---

[1] Lucien Goldmann, "La philosophie des Lumières", em *Structures mentales et création culturelle*, p. 29-30.
[2] Ibidem, p. 27-37.

Mas como, partindo do indivíduo isolado, fundar uma ética, regras morais coercitivas? Segundo Goldmann, não se pode, no contexto do individualismo burguês, demonstrar a necessidade de nenhum sistema particular de valores. O pressuposto fundamental da economia política clássica – mas também da filosofia política liberal – é que a procura egoística do próprio interesse por cada um dos indivíduos conduz, por meio de uma harmonia implícita (a "mão oculta"), ao interesse geral de todos. Toda norma ética se torna, portanto, supérflua, se não prejudicial. Na realidade, para o pensamento individualista conseqüente e levado aos últimos limites, a esfera moral e a religiosa inexistem enquanto campos específicos e relativamente autônomos. Os filósofos racionalistas (Descartes, Espinosa e seus discípulos) continuam falando, é claro, e com toda sinceridade, em moral e religião; mas nas antigas formas éticas e cristãs desenvolve-se um conteúdo radicalmente novo e, em última análise, amoral e arreligioso[3].

É verdade que o combate da filosofia das Luzes contra o obscurantismo da Igreja tinha um significado progressista e emancipador, que Goldmann nunca perde de vista, mas ele manifesta ao mesmo tempo sua preocupação diante do vazio moral criado pela civilização individualista/burguesa e por aquilo que chama de "indiferença axiológica" do capitalismo: quando ameaçado, este se adapta tão bem ao fascismo e à barbárie como às formas mais civilizadas do sistema democrático. Ele chama a atenção, ao mesmo tempo, para os perigos e as ameaças representados pela inexistência de normas válidas – resultado da própria lógica do individualismo radical – diante do desenvolvimento vertiginoso da técnica: "a ausência de forças éticas capazes de controlar a utilização das descobertas técnicas e de subordiná-las aos fins de uma verdadeira comunidade bem poderia levar a conseqüências que ninguém ousaria imaginar"[4]. Goldmann deve estar pensando nos perigos do "equilíbrio do terror" nuclear. Mas seu argumento se aplica também às ameaças de catástrofe ecológica que hoje pesam sobre a comunidade.

Nada mais errado do que deduzir de tal crítica uma rejeição unilateral da herança do Iluminismo; trata-se apenas de mostrar as aporias que resultam dos

---

[3] Ibidem, p. 41, 89; *Le Dieu caché*, p. 39.
[4] Ibidem, p. 122 e p. 42.

pressupostos individualistas dessa filosofia e tentar superá-la (no sentido dialético da *Aufhebung*: negação, conservação, "suprassunção") por um pensamento comunitário novo. Marx considerava o socialismo moderno o herdeiro das mais altas conquistas do humanismo burguês. A visão de mundo do Iluminismo, salienta Goldmann, "encerra valores essenciais cuja salvaguarda deve urgentemente ser assegurada pelo socialismo": a tolerância, a liberdade e a igualdade formais. A experiência trágica do stalinismo obriga os seguidores de Marx a se perguntarem, mais do que nunca, "como [...] retomar esses valores dentro do socialismo e assegurar-lhes a sobrevivência numa base social e econômica diferente daquela em que nasceram?"[5].

Se a visão individualista do mundo se origina do *cogito* cartesiano (penso, logo existo), o pensamento dialético começa, segundo Goldmann, "por uma frase, talvez excessiva, mas que é quase um manifesto: o Eu é odioso" (Pascal). Goethe, Hegel, Marx e Lukács vão desenvolver a intuição de Pascal ao fazer do *sujeito transindividual* o ponto de partida da ação e do conhecimento: para a dialética, "o fundamento ontológico da História é a relação do homem com os outros homens, o fato de que o *Eu* individual só existe contra o pano de fundo da comunidade". Em tal perspectiva, os demais seres humanos já não são simples objetos de conhecimento e observação, mas aqueles junto dos quais eu ajo[6].

Goldmann não questiona as descobertas de Freud: é verdade que a vida psíquica individual se liga à libido e todo comportamento humano individual possui uma dimensão libidinal. Entretanto, as ações históricas, o domínio da natureza, a criação cultural não podem ser entendidos em sua significação, nem explicados em sua gênese, senão partindo de um sujeito coletivo, ou antes, *transindividual*. Esse último não deve ser confundido com o misterioso "sujeito coletivo" proposto por Durkheim, ou seja, uma consciência coletiva que se situaria fora ou ao lado da consciência individual: ele designa os grupos humanos, as coletividades nas quais os seres humanos pensam e agem *juntos*.

Tal concepção dialética do sujeito histórico opõe-se tanto às visões individualistas do mundo como àquelas que, ao modo do estruturalismo, eliminam o sujeito da teoria. Rejeitando essas duas posições "correspondentes e com-

---

[5] Idem, *Les sciences humaines et la philosophie*, p. 128.
[6] Ibidem, p. 24-5.

plementares", representadas na filosofia francesa contemporânea por Sartre e Althusser, Goldmann vê no sujeito transindividual o único processo capaz de superar os dualismos do pensamento moderno: sujeito e objeto, juízos de fato e juízos de valor, explicação e compreensão, determinismo e liberdade, teoria e práxis[7].

Embora a História seja o produto da práxis de sujeitos humanos coletivos, nem todos os grupos têm a mesma importância na vida social e cultural:

> entre os inúmeros sujeitos transindividuais cujas ações se entrecruzam e que constituem a vida de uma sociedade global, existe uma categoria cuja ação tem uma pertinência particular no tocante às transformações históricas e, principalmente, à criação cultural; trata-se dos grupos sociais cujas práxis, consciência e afetividade são orientadas não para um setor particular da organização social global [...], mas para a organização social como tal, para o conjunto das relações inter-humanas e das relações entre os homens e a natureza, quer tendam a conservá-las, quer tendam, ao contrário, a transformá-las de maneira radical: trata-se das classes sociais.[8]

Goldmann pensa então, como Marx, que é preciso privilegiar o papel das classes sociais enquanto grupo cuja ação é orientada para a universalidade, para a estruturação da sociedade; que é preciso, também, ver nas relações entre as classes a chave da compreensão da realidade social passada, presente e futura.

Significativa parte da obra de Goldmann, inspirada por essa premissa metodológica fundamental, tem por objeto a identificação das classes sociais que desempenham o papel de sujeito transindividual de certas criações culturais – em especial literárias e filosóficas. *Le Dieu caché* é o exemplo mais importante disso, por sua descoberta da nobreza de toga enquanto sujeito coletivo da vida trágica do mundo do século XVII – o jansenismo –, esse verdadeiro grito de alerta contra a expansão da moral individualista e do racionalismo. A análise, em termos de sociologia da cultura, em nada diminui a importância de indivíduos como Pascal e Racine para dar a tal visão do mundo rigor e coerência. O procedimento de Goldmann não pretende, de forma alguma, eliminar o papel

---

[7] Lucien Goldmann, "Pensée dialectique et sujet transindividuel", em *La création culturelle dans la société moderne*, p. 121-54.

[8] Entrevista com Lucien Goldmann, "La théorie", *VH 101*, n. 2, p. 43, 1970.

dos indivíduos na ação histórica ou na criação cultural, mas inscrevê-los no contexto do sujeito transindividual – e particularmente da classe social – de que fazem parte.

É verdade que Goldmann, no seu livro sobre a sociologia do romance, acreditou ter achado uma "homologia estrutural" direta entre as estruturas do mercado capitalista e as do romance como forma literária, sem passar pela mediação de uma consciência coletiva. No entanto, um sujeito transindividual (não necessariamente uma classe) é sugerido implicitamente por sua análise, na medida em que o romance expressa os sentimentos da *intelligentsia* criadora, isto é, "criadores, escritores, artistas, filósofos, teólogos", cujos pensamentos e comportamento, mesmo sem escapar inteiramente ao poder degradante do mercado e da reificação, "permanecem dominados por valores qualitativos"[9]. Parece-me haver aí uma pista fundamental – não seguida por Goldmann – para entender vários fenômenos culturais modernos, a começar pelo romantismo[10].

Segundo Goldmann, não há como formular uma ética coerente – inseparável do conhecimento e da ação do grupo – senão em relação a um sujeito transindividual. O pensamento individualista conseqüente só conhece a verdade e o engano, o racional e o absurdo, o sucesso e o fracasso. A moral, enquanto campo próprio e relativamente autônomo, só pode existir "quando as ações dos indivíduos são julgadas em relação a *um conjunto de normas do bem e do mal* que o transcendem" e referem-se a um *valor transindividual:* um Deus sobre-humano ou a comunidade humana, "sendo um e outra, a uma só vez, exteriores e interiores ao indivíduo"[11].

Desse ponto de vista, o pensamento dialético é herdeiro das inquietudes da visão trágica do mundo e, em particular, de Pascal:

> O problema central do pensamento trágico, problema que só o pensamento dialético poderá resolver no plano ao mesmo tempo científico e moral, é o de saber

---

[9] Lucien Goldmann, *Pour une sociologie du roman*, p. 30-1.

[10] Remeto a meu livro (que se inspira amplamente no método de Lucien Goldmann) em colaboração com Robert Sayre, *Révolte et mélancolie: le romantisme à contre-courant de la modernité* (Paris, Payot, 1992). [Ed. bras.: *Revolta e melancolia*: o romantismo na construção da modernidade, Petrópolis, Vozes, 1995. – N. E.]

[11] Lucien Goldmann, *Le Dieu caché*, p. 40.

se nesse espaço racional [...] existe ainda um meio, uma esperança qualquer de reintegrar os valores morais supra-individuais, se o homem poderá ainda reencontrar Deus ou aquilo que para nós é sinônimo e menos ideológico: *a comunidade e o universo*.

Ao secularizar dessa forma abrupta a idéia trágica de Deus, Goldmann apaga com demasiada rapidez aquilo que faz a especificidade da religião em face do pensamento comunitário. Mas, na realidade, ele procura evidenciar a afinidade oculta entre o cristianismo trágico de Pascal e o socialismo marxiano.

Outra maneira de enfatizar tal parentesco é o próprio conceito de *religião*, que Goldmann redefine de maneira a abranger a ambos, "com a condição de tomar essa última palavra no seu sentido mais amplo de *fé* em um conjunto de valores que *transcendem o indivíduo*". A diferença essencial que separa um do outro é a ausência de perspectiva histórica da visão trágica, a qual admite o mundo existente como definitivo e imutável, sem esperança de *porvir*: trata-se de um pensamento incapaz de substituir o mundo atomista e mecanicista da razão individual por uma *nova comunidade*. A recusa absoluta e radical do mundo na visão trágica não conhece senão uma única dimensão temporal: *o presente*[12].

O pensamento dialético, o socialismo, ao contrário, orientam-se radicalmente para o porvir da comunidade humana. Mas enquadram-se também nessa "religião em sentido lato": *uma fé nos valores transindividuais*. Em seu grande ensaio de 1960 sobre a filosofia das Luzes, Lucien Goldmann expressa nos seguintes termos as grandes opções que se apresentam à humanidade, em nossa época:

> Eis a alternativa: sociedade dessacralizada, marcada pelo sucesso técnico, inteiramente racionalizada, ou comunidade humana que, sem dúvida, há de retomar e desenvolver as possibilidades técnicas criadas pela sociedade burguesa, mas, ao mesmo tempo, deverá superar a alienação e criar uma nova religiosidade imanente – livre de qualquer transcendência – da comunidade humana e da História?

Uma leitura superficial desse trecho poderia sugerir uma oposição entre razão e esperança, mas, alguns parágrafos adiante, a alternativa é explicitada na forma de escolha entre um saber técnico, indiferente aos valores da comunidade, e uma fé imanente na comunidade, ou, em outros termos, "quem, do en-

---

[12] Ibidem, p. 43-4.

tendimento ou da razão, do capitalismo ou do socialismo, será o futuro da humanidade"[13]. Trata-se, portanto, de uma superação do *Verstand* individualista pela *Vernunft* dialética que, diante do desencantamento capitalista do mundo, abre-se para uma dimensão religiosa imanente, a uma só vez sagrada e profana.

Melhor que o termo "religião" (mesmo imanente), o qual poderia causar confusão, é a palavra *fé*, que lhe parece mais apta a significar aquilo que essas duas atitudes – apesar de tão diferentes uma da outra – têm em comum. Segundo Goldmann, pode-se usar o conceito de "fé" – com condição de livrá-lo "das contingências individuais, históricas e sociais que o vinculam a tal ou qual religião precisa, ou até a religiões positivas em geral" – para designar certa atitude total, referente a valores transindividuais e capaz de abranger simultaneamente, numa unidade orgânica, "a compreensão da realidade social, o valor que a julga e a ação que a transforma"[14].

Afastando a suspeita de querer "cristianizar o marxismo", Goldmann – por outro lado, judeu e racionalista – insiste na oposição constante do marxismo com relação a toda e qualquer religião revelada que afirme a existência de uma transcendência sobrenatural ou supra-histórica:

> A fé marxista é uma fé no *porvir histórico*, feito pelos próprios homens ou, mais exatamente, que cabe a nós fazer por nossa atividade, é uma *aposta* no sucesso de nossa ações; a transcendência que é objeto dessa forma de fé já não é nem sobrenatural nem trans-histórica, mas supra-individual, nada mais, mas também, nada menos.

Enquanto pensamento racionalista, a dialética marxista é herdeira da filosofia das Luzes, mas por sua fé em valores transindividuais – e depois de uma interrupção de seis séculos de racionalismo tomista e cartesiano – ela reencontra a tradição augustiniana de que se valiam Pascal e os jansenistas. O ato de fé, afirma tranqüilamente Goldmann, é o fundamento comum da epistemologia agostiniana, pascaliana e marxista, embora se trate, nos três casos, de uma "fé" essencialmente diferente: evidência do transcendente, aposta no transcendente, aposta numa significação imanente[15].

---

[13] Idem, *Structures mentales et création culturelle*, p. 111-2.
[14] Idem, *Le Dieu caché*, p. 99.
[15] Ibidem, p. 99, 104.

Se o termo "fé" aparece muitas vezes, de forma retórica, na literatura marxista, Goldmann foi o primeiro a ter tentado explorar as implicações filosóficas, éticas, metodológicas e políticas de tal uso. Sem temer a "heresia" com respeito à tradição materialista-histórica, ele descobre, graças à sua interpretação pouco ortodoxa e profundamente inovadora de Pascal, a afinidade oculta, o túnel subterrâneo que liga, por sob a montanha das Luzes, a visão trágica (religiosa) do mundo e o socialismo moderno.

O ato de fé, que se acha no ponto de partida da opção marxista, como qualquer ato semelhante, baseia-se numa *aposta*: a possibilidade de realização histórica de uma comunidade humana autêntica (o socialismo). Ora, como mostraram Pascal e Kant, não há nada, nos juízos no indicativo, nos "juízos de fato" científicos, que permita afirmar o caráter errôneo ou válido da aposta inicial. Essa última não pode ser objeto de "prova" ou demonstração factual, mas é decidida na nossa ação comum, na práxis coletiva. Por outro lado, apenas a realização futura do socialismo está sujeita à aposta: as outras teses ou afirmações do marxismo devem ser submetidas "à dúvida e ao controle permanente dos fatos e da realidade"[16].

As visões individualistas do mundo – racionalistas ou empiristas – ignoram a aposta. Esta não acha lugar senão no cerne das formas de pensamento inspiradas por *uma fé em valores transindividuais*: aquilo que a aposta pascaliana e a aposta dialética têm em comum *é o risco, o perigo de fracasso e a esperança de sucesso*. O que as distingue é a natureza transcendental da primeira (aposta na existência de Deus) e puramente imanente e histórica da segunda (aposta no triunfo do socialismo na alternativa, oferecida à humanidade, da escolha entre o socialismo e a barbárie)[17].

À pergunta: "É preciso apostar?", Pascal responde que todo ser humano já está "embarcado". Quaisquer que sejam as diferenças evidentes entre a fé de Pascal e a de Marx,

> a idéia de que o homem está "embarcado", de que ele tem de apostar, constitui desde Pascal a idéia central de todo pensamento filosófico consciente de que o

---

[16] Ibidem, p. 99-100 e "Réponse à MM. Picard et Daix", em *Structures mentales et création culturelle*, p. 481.

[17] Idem, *Le Dieu caché*, p. 334-6.

homem não é uma mônada isolada que basta a si mesma, mas um elemento parcial no interior de uma totalidade que o ultrapassa e à qual está ligado por suas aspirações, sua ação e sua fé; a idéia central de todo pensamento que sabe que o indivíduo não tem condições de realizar sozinho, pelas próprias forças, nenhum valor autêntico e que precisa sempre de um auxílio transindividual, na existência do qual ele deve apostar, pois não poderia viver, nem agir, senão na perspectiva de um *sucesso* no qual tem de *acreditar*.[18]

Mais do que uma homenagem a Pascal, essa passagem propõe uma nova interpretação, bastante heterodoxa, da significação do marxismo enquanto *fé revolucionária*.

Para um pensamento do progresso linear e da evolução histórica de mão única, o paradoxo de um pensamento, a uma só vez, mais lúcido e "retrógrado" – Pascal diante de Descartes, representante do progresso científico e racional – é incompreensível. Goldmann, por sua vez, não hesitava em reconhecer que o caráter trágico e *não revolucionário* do jansenismo lhe permitiu evitar certas ilusões do racionalismo progressista e entender melhor que este último esclarece muitos aspectos da condição humana (como mostrou Lukács, "um fenômeno análogo produziu-se na Alemanha, onde nasceu o pensamento dialético"[19]). Tais observações poderiam ter sido o ponto de partida de uma crítica marxista da ideologia do progresso, infelizmente nunca cogitada por Goldmann. Ele desconhecia a obra de Walter Benjamin e as publicações da Escola de Frankfurt pareciam-lhe demasiadamente pessimistas...

A afirmação audaciosa de uma "afinidade eletiva" entre a fé marxista e a fé trágica (cristã), e sua comum oposição às visões individualistas do mundo, não teve muita repercussão no pensamento cristão na França. Será preciso esperar até os anos 1980, bem depois de sua morte, para que uma corrente cristã o mencione: a teologia da libertação latino-americana. Em seu livro *A força histórica dos pobres* (1982), Gustavo Gutiérrez, fundador dessa teologia crítica e inovadora, de inspiração socialista/comunitária, escrevia o seguinte:

---

[18] Ibidem, p. 337.

[19] Idem, "Le Dieu caché et le marxisme", em *Structures mentales et création culturelle*, p. 484.

O individualismo é a marca mais importante da ideologia moderna e da sociedade burguesa. Para a mentalidade moderna, o homem é um começo absoluto, um centro autônomo de decisões. A iniciativa e o interesse individuais são o ponto de partida e o motor da atividade econômica. [...] Como observa Lucien Goldmann, com perspicácia, o empirismo também é uma expressão do individualismo. Como o racionalismo, o empirismo é igualmente a afirmação de que a consciência individual é a origem absoluta do conhecimento e da ação.

Em nota de pé de página, Gutiérrez faz referência à edição latino-americana do ensaio de Goldmann sobre a filosofia das Luzes[20] e acrescenta: "Muitas das observações que fizemos sobre a relação entre a mentalidade iluminista e a economia capitalista inspiram-se nesse trabalho". Como o pensamento dialético de que se valia Goldmann, a reflexão cristã de Gutiérrez refere-se a um sujeito transindividual:

> O *locus* da teologia da libertação é outro. Está entre os pobres do subcontinente, nas massas indígenas, nas classes populares, está na presença desses grupos enquanto sujeito ativo e criador de sua própria história, nas expressões de sua fé e esperança no Cristo pobre, nas suas lutas para se libertar.[21]

Todavia, Gutiérrez não se refere ao *Deus escondido:* o desafio intelectual lançado por Goldmann, em sua análise paralela da aposta pascaliana e da aposta marxista, fica ainda, em boa parte, por explorar...

---

[20] Lucien Goldmann, *La ilustración y la sociedad actual* (Caracas, Monte Ávila, 1968).
[21] Gustavo Gutierrez, *La force historique des pauvres* (Paris, Cerf, 1986), p. 173, 203. [Ed. bras.: *A força histórica dos pobres*, Petrópolis, Vozes, 1981.]

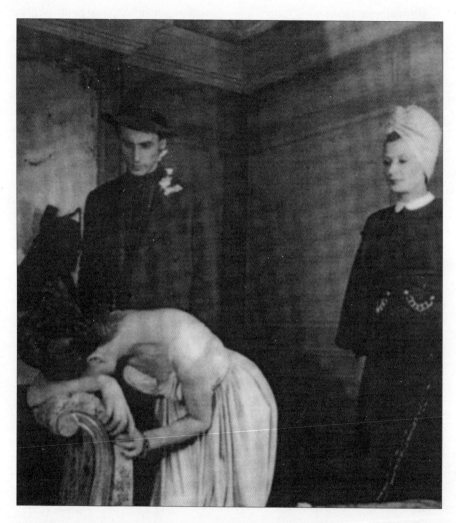

Encenação de *Huis clos*, de Jean-Paul Sartre, no Théàtre du Vieux-Colombier, em 1944 (foto de Serge Lido/Sipa Press). Os acontecimentos históricos levaram Sartre a renunciar ao amoralismo cartesiano de *O ser e o nada*. (Lucien Goldmann, *Structures mentales et création culturelle*)

Obras publicadas de Goldmann[1]

La communauté humaine et l'univers chez Kant. Paris, PUF, 1948.

Reedição: *Introduction à la philosophie de Kant.* Paris, Gallimard, 1967, com novo prefácio. (Coleção Idées)

Sciences humaines et philosophie. Paris, PUF, 1952.

Reedições: Paris, Gonthier, 1966, com novo prefácio (Coleção Médiations) 1971, seguido de Structuralisme génétique et création littéraire. Trad. para o inglês: Ideology and Writing. *The Times Literary Supplement.* Londres, 28 set. 1967.

Ed. bras.: *Ciências humanas e filosofia.* Trad. Lupe Cotrim Garaude e José Arthur Giannotti. 12. ed. Rio de Janeiro, Bertrand Brasil, 1993.

Le Dieu caché. Paris, Gallimard, 1956.

Racine. Paris, L'Arche, 1956.

Reedição: 1970. (Coleção Travaux).

Recherches dialectiques. Paris, Gallimard, 1959.

Pour une sociologie du roman. Paris, Gallimard, 1964.

Reedições: 1965, com novo prefácio e um estudo sobre *L'immortelle*, de Alain Robbe-Grillet, redigido em colaboração com Anne Olivier e publicado em *L'Observateur*, 18 set. 1964; 1968. (Coleção Idées).

Ed. bras.: *A sociologia do romance.* Trad. Álvaro Cabral. 3. ed. Rio de Janeiro, Paz e Terra, 1976.

La ilustración y la sociedad actual. Caracas, Monte Ávila, 1968.

Marxisme et sciences humaines. Paris, Gallimard, 1970. (Coleção Idées).

---

[1] Agradecemos a Brigitte Navelet por ter-nos permitido publicar esta bibliografia elaborada por ela.

Structures mentales et création culturelle. Paris, Anthropos, 1970.

La création culturelle dans la société moderne. Paris, Gonthier-Denoël, 1971. (Coleção Médiations).

    Ed. bras.: *A criação cultural na sociedade moderna*. Trad. Rolando Roque da Silva. São Paulo, Difel, 1972.

Situation de la critique racinienne. Paris, L'Arche, 1971. (Coleção Travaux).

Lukacs et Heidegger: fragments posthumes établis et présentés par Youssef Ishaghpour. Paris, Denoël/Gonthier, 1973.

EDIÇÕES

Correspondance de Martin de Barcos, Abbé de Saint-Cyran. Paris, PUF, 1956.

ARTIGOS DISPERSOS PUBLICADOS (30/6/1972)

Les conditions sociales et la vision tragique du monde. *Échanges sociologiques II*, CDU, 1948.

Pascal et la pensée dialectique. *Empédocle*. Paris, jan. 1950.

Thèses sur l'emploi du concept de vision du monde en histoire de la philosophie. In: *L'homme et l'histoire*. Paris, PUF, 1952.

Remarques sur la théorie de la connaissance. In: EPISTÉMOLOGIE/EPISTEMOLOGY. CONGRÈS INTERNATIONAL DE PHILOSOPHIE, 10., 1953. Bruxelas. *Anais...*, Amsterdã: E. Nauwelaerts, Louvain/North-Holland Publishing Co., 1953. v. II, p. 90-5.

Au sujet du 'plan' des *Pensées* de Pascal. *Bulletin de la société d'étude du XVIIe siècle*. Paris, n. 23, 1954.

Port-Royal, de H. de Montherlant, à la Comédie-Française. *Théâtre populaire*. Paris, n. 11, p. 86, jan./fev. 1955.

Participação na discussão Sur les rapports entre la mythologie et le rituel. *Bulletin de la Société française de philosophie*. Paris, ano 50, n. 3, jul./set. 1956.

Participação na discussão La mémoire. *Bulletin de la Société française de philosophie*. Paris, ano 50, n. 4, out./dez. 1956.

L'hôtel du libre-échange. *Théâtre populaire*. Paris, n. 22, p. 87, jan. 1957.

Participação nas discussões do Colóquio *Descartes*. Paris, Minuit, 1957. (Cahiers de Royaumont, Philosophie II).

Philosophie et scientisme. *Cercle ouvert*. Paris, La Nef, n. 9, 1957. (Chacun peut-il philosopher).

Quelques remarques sur la philosophie d'Adorno. *Allemagne d'aujourd'hui*. Lille, n. 6, p. 94-6, dez. 1957.

Réponse à Rubel. *Les Temps modernes*. Paris, n. 142, p. 1.141, dez. 1957.

Un bilan désabusé. À propos de Fritz Sternberg: *Kapiltalismus und Sozialismus vor dem Weltgericht* (Capitalisme et socialisme devant le jugement de l'histoire); *Marx und die Gegenwart* (Marx et notre temps). *Arguments*. Paris, ano 1, n. 2, fev./mar. 1957.

Y a-t-il une sociologie marxiste?. *Les Temps Modernes*, n. 140, out. 1957. Disponível em: <http://www.marx2mao.com/Other/BMSI68.html>.

Faust, de... . *Théâtre populaire*. Paris, n. 32, p. 139, 4. trim. 1958.

Le materialisme dialectique est-il une philosophie? (1947). *Revue Internationale de Philosophie*. Bruxelas, ano 12, v. 45, n. 6, p. 249-64, 1958.

Participação na discussão L'être devant la pensée interrogative. *Bulletin de la Société française de philosophie*. Paris, ano 52, n. 1, jan./mar. 1958.

L'apport de la pensée marxiste à la critique littéraire. *Arguments*. Paris, ano 3, n. 12-13, jan./mar. 1959.

Prefácio a J. Jaurès: *Les origines du socialisme allemand*. Paris, Maspero, 1959.

Être et dialectique. *Études philosophiques*. Paris, n. 2, p. 205-12, abr./jun. 1960.

Jean Jaurès, la question religieuse et le socialisme. *Bulletin de la Société d'études jaurésiennes*. Paris, ano 1, n. 1, 1960.

Liberté et valeur. *Libertà e valore*. In: CONGRESSO INTERNAZIONALE DI FILOSOFIA, 12., 1958. Anais..., Florença., G. C. Sansoni, 1960. v. III.

Participação em discussão. L'uomo e la natura. In: ATTI DEI XII CONGRESSO INTERNAZIONALE DI FILOSOFIA (1958). Florença, G. C. Sansoni, 1960. v. II.

Phèdre, de Racine et *Nathan le Sage*, de Lessing au Théâtre des Nations. *Théâtre populaire*. Paris, n. 38, p. 110, 2. trim. 1960.

Une piece réaliste: *Le Balcon*, de Genet. *Les Temps modernes*. Paris, n. 171, 1960.

Civilisation et économie. In: *L'Histoire et ses interprétations*. Paris/Haia, Mouton & Co., 1961. p. 76-86.

La démocratie économique et la création culturelle. *Revue de l'Institut de Sociologie*. Bruxelas, n. 1-2, p. 239-58, 1961.

Marx, Lukács, Girard et la sociologie du roman. *Médiations*. Paris, n. 2, p. 143-53, 1961.

Intervenção no Rencontre Internacional de Royaumont. In: *Quel avenir attend l'homme?*. Paris, PUF, 1961. p. 266-9.

Diderot, la pensée des Lumières et la dialectique. *Médecine de France*. Paris, n. 136, p. 33-40, 1962.

La place d'*Andromaque* dans l'oeuvre de Racine. *Cahiers Renaud-Barrault*. Paris, Gallimard, n. 40, p. 107-19, nov. 1962.

Marilyn, ce négatif de notre temps. *France-Observateur*. Paris, n. 644, 6 set. 1962.

Participação nas discussões do colóquio *La Philosophie analytique* (1958). Paris, Minuit, 1962.

Problèmes d'une sociologie du roman. *Cahiers internationaux de sociologie*. Paris, v. 32, p. 61-72, 1962.

Structure de la tragédie racinienne. In: JACQUOT, J. (org.). *Le théâtre tragique*. Paris, CNRS, 1962.

Les écrits du jeune Lukács, posfácio a G. Lukács: *La théorie du roman*. Paris, Gonthier, 1963. (Originalmente publicado em *Les Temps modernes*, n. 195, 1962, com o título À propos de *La théorie du roman*, de G. Lukács).

Lumières et dialectique. In: *Utopies et Institutions au XVIIIe siècle*. Paris/Haia, Mouton & Co., 1963. p. 305-14.

Participação na discussão Les sciences humaines et la philosophie (nov. 1962). *Bulletin de la Société française de philosophie*. Paris, ano 57, n. 3, jul./set. 1963.

Pour une approche marxiste des études sur le marxisme. *Annales. Histoire, Sciences Sociales*, ano 18, n. 1, p. 114-8, 1963.

Discussão no XVe Congrès de l'Association internationale des études françaises. In: *Littérature et Stylistique*; *Les visages de la critique depuis 1920*; *Molière*, Cahiers de l'Association internationale des études françaises, n. 16, 1964.

Entrevista concedida a Victor Flores Olea. *Revista de la Universidad de Mexico*, p. 16-9, abr. 1964.

Entrevista concedida a Guillermo e Julieta Sucre. *Zona Franca*. Caracas, ano 1, n. 5, nov. 1964.

Entrevista concedida a Lorenzo Batallan. *El Nacional*. Caracas, 1º nov. 1964.

Le siècle de Pascal. In: *L'Homme a-t-il créé Dieu à son image?*. Paris, Éditions de l'Union rationaliste, 1964. p. 143-69.

Le Mariage, de W. Gombrowicz. *France-Observateur*. Paris, n. 718, 6 fev. 1964.

Prefácio a G. Namer, *L'Abbé Le Roy et ses amis. Essai sur le jansénisme extrémiste extramondain*. SEVPEN, 1964.

Ces intellectuels sans attache. À propos de Karl Korsch: Marxisme et philosophie. *Le Nouvel Observateur*. Paris, n. 17, 11 mar. 1965.

Le livre et la lecture dans les sociétés industrielles modernes. *Le Drapeau*. Montreal, out. 1965.

To the memory of Paul Alexander Baran. *Monthly Review*. Nova York, v. 16, n. 11, p. 105, mar. 1965.

Dimenzije i smerovi aktuelne filozofske misli. *Odjek*, Sarajevo, n. 21, 11 nov. 1966.

Jean Piaget et la philosophie. In: *Jean Piaget et les sciences sociales*, Cahiers Vilfredo Pareto, Genebra, n. 10, p. 5-23, 1966.

Kierkegaard. In: *Kierkegaard vivant*. Paris, Unesco/Gallimard, 1966. (Coleção Idées).

Structuralisme, marxisme, existentialisme. *L'Homme et la société*, Paris, n. 2, 1966.

Sur le probleme de l'objectivité en sciences sociales. In: *Psychologie et épistémologie génétique: thèmes piagétiens*. Paris, Dunod, 1966.

Actualité de la pensée de Karl Marx (1965). *L'Homme et la société*. Paris, n. 4, 1967.

Conditions de l'interprétation dialectique. In: BERQUE, J.; CHARNAY, J.-P. *L'ambivalence dans la culture arabe*. Paris, Anthropos, 1967. p. 356-8.

Epistémologie de la sociologie. In: *Logique et connaissance scientifique*. Encyclopédie de la Pléiade. Paris, Gallimard, 1967. p. 992-1.018.

Le structuralisme génétique en sociologie de la littérature (1964). In: *Littérature et société: Problèmes de méthodologie en sociologie de la littérature*. Bruxelas, Institut de Sociologie, 1967. p. 195-222.

Pascal. Trad. Lisa Baruffi, Milão, Compagnia Edizioni Internazionali, 1967. (Coleção I Protagonisti...).

Pascal und Port-Royal (1960). In: *Weltflucht und Politik*. Neuwied/Berlin, Luchterhand Verlag, 1967. (Original em alemão.)

Sociologie de la 'Construction Nationale' dans les Nouveaux États. In: COLLOQUE DE L'ASSOCIATION INTERNATIONALE DES SOCIOLOGUES DE LANGUE FRANÇAISE, 6., 1965. Royaumont. *Revue de l'Institut de sociologie*. Bruxelas, n. 2-3, p. 558-60, 1967.

Discussão no colóquio de Royaumont (27-30 maio 1962). In: *Hérésies et société dans l'Europe pré-industrielle des XI-XVIIIe siècles*. Paris, Mouton, 1968.

Entrevista sobre a universidade. *L'Express*, 3 jun. 1968. Suplemento II.

La croyance en Dieu. *L'Express*. Paris, n. 892, 12 out. 1968. Entrevista concedida a Michele Georges.

La denuncia sociologica e culturale. In: *Partecipazione, denuncia, esorcismo nel teatro d'oggi*. Trad. Ernesto Rubin de Cervin. Veneza, set. 1967. BIENAL DE VENEZA, Anais..., 1968. (Texto redigido por Brigitte Navelet a partir da gravação da conferência de Lucien Goldmann.)

Les sciences humaines doivent-elles intégrer la philosophie?. In: *Recherche et sciences de l'homme*, Cahiers du Centre économico et social de perfectionnement des cadres de la FNSIC (CGC), sessão XVI, ciclo II, 1968. p. 9-32. (Coleção Élites et responsabilités).

Participação na discussão La différence (jan. 1968). *Bulletin de la Société française de philosophie*. Paris, ano 62, n. 3, jul./set. 1968.

Participação na mesa-redonda Pourquoi les étudiants? (23 maio 1968). *L'Homme et la société*. Paris, n. 8, 1968.

Participação no IIIe Colloque international de sociologie de la littérature, jan. 1968. Royaumont. In: *Décrire, comprendre, expliquer*. Bruxelas, Institut de Sociologie, s.d.

Participação no debate sobre autogestão, organizado por *Le Nouvel Observateur* (6 jul. 1968), publicação parcial Lucien Goldmann e Serge Mallet, *Autogestion*, caderno n. 7, dez. 1968.

Retificação relativa ao artigo Université. *L'Express*, n. 884, 17 jun. 1968. Suplemento II.

Sociologia de la literatura. *Diario SP*. Madri, n. 206, p. 14-5, 8 maio 1968. (Em colaboração com Jacques Leenhardt.)

Structure sociale et conscience collective des structures. *Raison présente*. Paris, n. 7, 1968. (Reproduzido em: *Structuralisme et marxisme*. 10./18. eds. Paris, 1970.)

Apresentação da exposição de A. Bueno e S. Loffredo, catálogo G. 30, maio 1969.

Entrevista concedida a Marthe Robert (jul. 1969). In: *Psychanalyse et sociologie*. Bruxelas, Éditions de l'Institut de sociologie, s.d.

Entrevista concedida a J. P. Tadros sobre pluridisciplinaridade. *Le Devoir*. Montreal, p. 13-4, 4 out. 1969.

Filozofski Angazman i Angazovanje Filozofa [O engajamento da filosofia]. *Lica*. Sarajevo, n. 20-22, jul./set. 1969. Entrevista concedida a Jasmina Alic.

Idéologie et marxisme. In: *Le centenaire du Capital*. Paris/Haia, Mouton & Co., 1969. p. 297-341.

La mort d'Adorno. *La Quinzaine littéraire*. Paris, n. 78, 1-15 set. 1969.

Note sur quatre films de Godard, Bunuel et Pasolini. *Revue de l'Institut de Sociologie*. Bruxelas, n. 3, 1969.

Participação na discussão Qu'est-ce qu'un auteur? (fev. 1969). *Bulletin de la Société française de philosophie*. Paris, ano 63, n. 3, jul./set. 1969.

Preâmbulo a La reificazione. *Ideologie*. Trad. Giusi Oddo. Roma, n. 8, 1969.

Prefácio a F. Dumont, *La dialectique de l'objet économique*. Paris, Anthropos, 1969.

Publicações de Lucien Goldmann. *Ideologie*. Roma, n. 8, 1969. (Em colaboração com Brigitte Navelet.)

Arta si disciplinele umane. *Romania Literaria*. Bucareste, v. 25, n. 89, 18 jun. 1970. Entrevista concedida a Ion Pascadi.

Entrevista concedida a Brigitte Devismes sobre a teoria. La théorie. *VH 101*, Paris, n. 2, 1970.

Structure: Human Reality and Methodological Concept (1966). In: MACKSEY, R.; DONATO, F. *The Languages of Criticism and the Sciences of Man*. Baltimore, John Hopkins Press, 1970.

Structuralisme génétique et analyse stylistique. In: *Linguaggi nella società e nella tecnica*. Milão, Edizioni di Comunità, 1970.

Entrevista sobre os problemas do Oriente Médio (1970). *Israël-Palestine*. Bruxelas, n. 3-4, p. 35-6, mar./abr. 1971.

Eppur Si Muove (fev. 1969). *The Spokesman*. Trad. Tom Wengraf. Londres, n. 15-16, 1971.

Littérature (Sociologie de la) (1970). In: *Encyclopaedia Universalis*, v. X, 1971.

Lukács, Georg (1970). In: *Encyclopaedia Universalis*, v. X, 1971.

Reflections on History and Class Consciousness (1970). In: MÉSZÁROS, I. *Aspects of History and Class Consciousness*. Londres, Routledge & Kegan Paul, 1971.

Révolution et bureaucratie, comunicação no colóquio de Cabris (jul. 1970). *L'Homme et la société*. Paris, n. 21, 1971.

Sujet et objet en sciences humaines (1969). *Raison présente*. Paris, n. 17, jan./mar. 1971.

Cena de barricada, de Jules David, 1848.
Se a burguesia francesa tomou o poder aliando-se ao povo, também se livrou dele de maneira bárbara após a queda da Comuna. (Lucien Goldmann, *Marxisme et sciences humaines*)

Sobre os autores

Michael Löwy nasceu na cidade de São Paulo em 1938, filho de imigrantes judeus de Viena. Licenciou-se em ciências sociais na Universidade de São Paulo (USP) em 1960 e doutorou-se na Sorbonne, sob a orientação de Lucien Goldmann em1964. Vive em Paris desde 1969, onde trabalha como diretor de pesquisas no Centre National de la Recherche Scientifique (CNRS) e dirige um seminário na École des Hautes Études en Sciences Sociales. Considerado um dos maiores pesquisadores das obras de Karl Marx, Leon Trotski, Rosa Luxemburgo, Georg Lukács, Lucien Goldmann e Walter Benjamin, tornou-se referência teórica para militantes revolucionários de toda a América Latina. Foi homenageado, em 1994, com a medalha de prata do CNRS em ciências sociais. É autor de livros e artigos traduzidos em 25 línguas. Entre as publicações disponíveis no Brasil, destacam-se: *Walter Benjamin, aviso de incêndio* (São Paulo, Boitempo, 2005); *Franz Kafka: sonhador insubmisso* (Rio de Janeiro, Azougue, 2005); *Ecologia e socialismo* (São Paulo, Cortez, 2005); *A teoria da revolução no jovem Marx* (Petrópolis, Vozes, 2002); *A guerra dos deuses – religião e política na América Latina* (Petrópolis, Vozes, 2000 – Prêmio Sérgio Buarque de Holanda, concedido pelo Ministério da Cultura); *O marxismo na América Latina: uma antologia de 1909 aos dias atuais* (São Paulo, Fundação Perseu Abramo, 1999); *As aventuras de Karl Marx contra o barão de Münchhausen* (São Paulo, Cortez, 1994).

A importância da trajetória e da obra de Löwy levou a revista *Margem Esquerda – Ensaios Marxistas* a escolhê-lo como tema de seu II Seminário, realizado em São Paulo, em 2005, que marcou os dez anos de fundação da Boitempo

Editorial e o lançamento do sexto número desta revista. Como resultado desse seminário a editora publicou *As utopias de Michael Löwy: reflexões sobre um marxista insubordinado* (2007), organizado por Ivana Jinkings e João Alexandre Peschanski.

Sami Naïr nasceu na cidade de Tlemcen, Argélia, próximo à fronteira com o Marrocos, em 1946. Sua família mudou-se quando tinha um ano de idade para Belfort, nordeste da França. Doutorou-se na Sorbonne em filosofia política, no ano de1973, e em letras e ciências humanas, em 1979. É professor da Universidad de Paris VIII desde 1970 e dirigiu a publicação *Les temps modernes* ao lado de Simone de Beauvoir. Assessorou o governo socialista de Lionel Jospin e foi nomeado conselheiro do Ministério do Interior entre 1997 e 1998. Um ano depois, elegeu-se deputado para o Parlamento Europeu de Estrasburgo, cargo que ocupou até 2004. Sami Naïr integra o *Mouvement républicain et citoyen* [Movimento republicano dos cidadãos], tem vasta obra publicada e é uma das referências hoje no debate sobre a defesa dos direitos dos imigrantes na Europa. Entre seus livros, destacam-se: *Le deplacement du monde: immigration et thematiques identitaires* (Paris, Kime, 1996); *Un détournement – Nicolas Sarkozy et la "politique de civilisation"* (Paris, Gallimard, 2008); *L'immigration est une chance, entre la peur et la raison* (Paris, Seuil, 2007); *L'Empire face à la diversité* (Paris, Hachette Littératures, 2003); *L'immigration expliquée à ma fille* (Paris, Seuil, 1999); *El Mediterraneo y la democracia* (Barcelona, Galaxia Gutemberg, 2008); *Diálogo de culturas e identidades* (Madrid, Complutense, 2006).

OUTROS LANÇAMENTOS DA BOITEMPO EDITORIAL

NOIVA DA REVOLUÇÃO / ELEGIA PARA UMA RE(LI)GIÃO

Francisco de Oliveira

Um dos maiores intelectuais brasileiros, Francisco de Oliveira nos convida em *Noiva da revolução* a conhecer sua cartografia histórico-político-sentimental do Recife. Numa prosa rica em poesias e canções, o sociólogo relata fatos políticos e sociais que marcaram o Brasil e o Nordeste, como a prisão do então governador de Pernambuco Miguel Arraes em 1964. No mesmo volume, a Boitempo reedita *Elegia para uma re(li)gião*, texto escrito em 1977 sobre as relações do Estado com a sociedade nordestina e brasileira.

O DESAFIO E O FARDO DO TEMPO HISTÓRICO

István Mészáros

Considerado como um dos marxistas mais destacados deste início de século, István Mészáros destrincha, em *O desafio e o fardo do tempo histórico*, o caráter imperativo e destrutivo das positivações atuais do capital. Neste livro, o filósofo húngaro aprofunda a análise do significado histórico da crise estrutural do capitalismo à luz de manifestações cada vez mais irracionais e perigosas para o futuro da humanidade.

LATINOAMERICANA: ENCICLOPÉDIA CONTEMPORÂNEA DA AMÉRICA LATINA E DO CARIBE

Emir Sader, Ivana Jinkings, Carlos Eduardo Martins e Rodrigo Nobile (coords.)

Escolhida como o **Livro de ficção do ano** pelo 49º Prêmio Jabuti, a *Latinoamericana* possui 980 verbetes escritos por 123 autores, alguns dos mais expressivos intelectuais latino-americanos, entre eles: Ana Esther Ceceña, Aníbal Quijano, Moniz Bandeira, Marcio Pochmann, Mike Davis, Néstor García Canclini, Ricardo Antunes e Theotonio dos Santos. Trata-se de um inédito esforço editorial de coordenação, conteúdo e qualidade, na criação de um material inédito e de referência sobre a nossa região.

MARGEM ESQUERDA N. 12

Vários autores

A 12ª edição da revista *Margem Esquerda – ensaios marxistas* tem como tema de destaque as resistências populares na cidade neoliberal. A publicação traz também entrevista com o historiador marxista Mike Davis, autor de *Planeta favela* (Boitempo, 2006), além de artigos de Samir Amin, Slavoj Žižek, Emir Sader, Lucio Magri, Miguel Vedda, entre outros.

Rua Euclides de Andrade, 27, São Paulo 05030-030, Brasil
tel +55 11 3875-7285 fax +55 11 3875-7250
editor@boitempoeditorial.com.br
www.boitempoeditorial.com.br

Este livro foi composto em Adobe Garamond Pro corpo 11 e impresso em papel pólen soft 80 g/m² na Farbe Druck para a Boitempo Editorial, em janeiro de 2008, com tiragem de 1,5 mil exemplares.